21世纪图书馆学丛书（第4辑）

RDA：从理论到实践

周德明　主编

海洋出版社
2014年·北京

内 容 提 要

作为国内第一本从理论和实践两个层面、全面解读资源描述与检索（Resource Description and Access，RDA）的专著，本书呈现以下四大特点：着眼发展历史——从RDA的起源入手，梳理RDA发展脉络；解剖最新章节——从十个部分三十七章，剖析RDA的内容结构；放眼国际——归纳总结各编制国、代表性国家及地区的RDA实践路线；聚焦国内——探讨RDA在我国的应用和发展，并辅以中西文图书RDA原编记录作为本书的参考案例。本书不仅适合图书馆的管理者和编目研究者，更可以作为广大编目员的参考工作手册，同时还可以作为包括图书馆学在内的所有信息管理学科的硕士生和博士生的学习参考用书。

图书在版编目（CIP）数据

RDA 从理论到实践/周德明主编. —北京：海洋出版社，2014.3
（21世纪图书馆学丛书. 第4辑）
ISBN 978-7-5027-8834-6

Ⅰ. ①R… Ⅱ. ①周… Ⅲ. ①编目规则 Ⅳ. ①G254.3

中国版本图书馆 CIP 数据核字（2014）第 045767 号

责任编辑：杨海萍
责任印制：赵麟苏

http://www.oceanpress.com.cn
北京市海淀区大慧寺路8号　邮编：100081
北京旺都印务有限公司印刷　新华书店北京发行所经销
2014年4月第1版　2014年4月第1次印刷
开本：787 mm×1092 mm　1/16　印张：12.5
字数：143千字　定价：40.00元
发行部：62132549　邮购部：68038093　总编室：62114335
海洋版图书印、装错误可随时退换

《RDA：从理论到实践》编委会

主　编：周德明
副主编：李　芳　倪道敏
编　委：李　芳　胡小菁　纪陆恩
　　　　张　洁　娄秀明　江丽萍
　　　　郑佳盈　陈培文等

主编弁言

《21世纪图书馆学丛书》主要特点是注重图书馆实践，选题务实、新颖、信息丰富、密切结合图书馆工作实际。该丛书第一、二、三辑出版以来，深受广大图书馆工作者的欢迎。

该丛书第四辑涵盖面较为广泛，共有6册，所涉及范围包括上海图书馆副馆长周德明研究馆员主编、上海图书馆采编中心以及上海市图书馆学会信息资源组织分委员会编著的《RDA：从理论到实践》、《数字图书馆论坛》主编顾晓光编著的《拥书权拜小诸侯——图书馆馆长访谈录》、美国南康涅狄格州立大学刘燕权教授著的《数字知识宝库纵览——美国数字图书馆案例精析》、杭州图书馆研究馆员李明华著的《规划设计图书馆建筑要旨》、《图书馆报》主编赖雪梅、姜火明编辑的《瞧，那些知名的海外图书馆》以及《图书馆专业英语最低限度词汇》。所有这些选题，都是图书馆员思考讨论的所在。相信这些务实的专业论著的出版，对图书馆现时的工作、图书馆事业未来的发展，一定会有所帮助。

丘东江
2014年3月于北京

序言：与时俱进 探索 RDA

随着网络信息技术的迅猛发展和数字资源的巨量涌现，原本主要针对纸质文献的编目工作因此而遭遇挑战。图书馆编目规则力有未逮，虽几番"补丁"、寻求完善，但惟因其基本规则之本元是著录"手头文献的物理载体形式"等限制，难以应付界定新颖文献类型、描述数字及多媒体信息资源、有效揭示编目对象特性和便利查检同主题下具有相关内容的不同载体的书目记录等重任。由此，追求并编制新的编目规则来担当此责以满足新需求已是必须，RDA（Resource Description and Access，资源描述与检索）便应运而生。

RDA 是建立于国际图联（International Federation of Library Associations and Institutions，IFLA）提出的《书目记录的功能需求》（Functional Requirements for Bibliographic Records，FRBR）、《规范数据的功能需求》（Functional Requirements for Authority Data，FRAD）概念模型和《国际编目原则声明》（International Cataloging Principles，ICP）基础之上，其揭示对象涵盖所有物理和虚拟的实体，更适合同开放式的现代元数据相结合，便于在语义网、关联数据环境中谋求更大的发展。RDA 将 AACR2（Anglo-American Cataloguing Rules 2nd ed.，英美编目条例第二版）较为单一、扁平揭示、组织和显示实体资源方式改为分层、树状结构方式，使之更具灵活性和适用性，可清晰、有效地反映出编目对象的实质和特性，有助于完成帮助用户便利查找、识别、选择和获取所需资源。总之，它是一种更为先进并符合时代发展潮流的编目规则。或许正是如此，自 2010 年 6 月 RDA 正式发布以来，已有英国、美国、加拿大、澳大利亚、德国、新西兰、新加坡、芬兰等国家图书馆表示已经或即将采用 RDA 进行编目。尤其值得一提的是，全球最大的联机编目中心 OCLC（Online Computer Library Center）发布了政策声明，在三年过渡期中，鼓励增加书目中的 RDA 元素，三年后即 2016 年 3 月，所有数据均将遵循 RDA 编目原则。并且，会适时对现有书目记录作清理和整体转换以适应 RDA 环境。凡此种种，不啻是一个告示——RDA 正逐渐走来，趋势不可逆转。在我看来，尽管当下 RDA 还不是一个国际标准，但它具备了从国际通用编目规则到国际标准编目规则的潜质。而且，实施 RDA 是一个必需的过程，难以跨越。

基于这样的认识，2013 年 7 月，上海图书馆采编中心决定尝试采用 RDA 编目西文图书和受约替境外图书馆编目、加工部分中文图书。该中心在西文编目领域一直具有敢为人先、与时俱进的传统，上世纪 80 年代末始，便追踪 AACR2 动向，直至获得授权而翻译 AACR2 修订版等并做解释说明，对业界学习、理解、应用该编目规则做过一些引领工作。上海图书馆又是 OCLC 的成员馆，在业务培训、合作编目、资源共享等业务方面彼此间有着较多的联系，尽早采用 RDA 编目，既是作为成员馆对政策声明的尊重，也有助于吸收先进编目原则的长处，便于数据套录和交换。同时，这种先试先行无疑可促进我们的学习和研究，并积累素材，为图书馆同行编目作业甚至我国中文编目标准的革故鼎新提供可资借鉴的经验。

事实上，近几年来上海编目界胡小菁、纪陆恩、庄蕾波、娄秀明等同仁一直热心于 RDA 研究和实践，他们承接课题、参与研讨、组织培训、探索实践，发布了不少引人瞩目的成果。李芳、倪道敏两位主任以上海市图书馆学会信息资源组织分委会为工作平台，汇集专家里手编纂《RDA：从理论到实践》一书。他们广泛调研，搜罗国内外相关资料，梳理 RDA 发展脉络，理清概念，归纳要点，从理论和实践两个层面倾力展现他们数年的研究成果和操作心得。并且，期望通过本书，征求同行的教正和评论，唤起更多研究和实践，促进我国相关编目规则、标准的制定，使我们图书馆的编目工作水平登上更高的台阶。

是为序。

周德明

2013 年 12 月 26 日

前　言

新的国际编目规则"资源描述与检索"（Resource Description and Access，RDA），历经六年开发、一年测试后，各编制国（美国、英国、加拿大、澳大利亚、德国）的国家图书馆终于在2013年第一、二季度相继开始实施。2013年RDA联合指导委员会（The Joint Steering Committee for the Revision of AACR，JSC）的年度报告表明，德国国家图书馆（及德语区图书馆网络）实施日期为2015年底；此外，欧洲RDA兴趣小组2013年9月的调查表明，32个成员中13个明确计划实施RDA（2012年调查时仅为4个）。专为数字环境而设计，一个多国编制、为国际化环境下使用而设计的编目规则，RDA已在上述编制国乃至更广泛的地区实施推行，这也正是RDA制定之初的目标——发展成为一种资源描述和检索的国际标准。因此RDA的实施从一定意义上来说，代表着数字时代国际编目的发展趋势，对RDA的研究和关注将推进我国编目工作的国际化进程。

与国外RDA的研究受人瞩目、实践进入推广的情景相比，RDA在我国尚处于介绍引进、了解研究阶段。从研究成果数量看，近三年有明显上升，但总体数量仍偏少，关注者以少数编目研究人员为主。美国雪城大学李恺2012年通过网络做了一个国内RDA认知度调查，结果表明在RDA发布近两年后，国内参与调查者对RDA的了解程度仍然较低。也许，RDA在国内的真正推行，还有很远的距离要走，还需要花很大的力气去普及，但正因为如此，我们需要在更广泛的层面普及和推广，让图书馆的管理者、编目员和编目研究者认知和了解新的国际编目规则

——RDA。

正是从这个背景出发，本书试图通过对 RDA 的溯源、RDA 的理论框架、内容结构、概貌特点的梳理，结合在国外的实践路线，探讨 RDA 在国内的应用和发展，并辅以第一手的详细参考案例，希望藉此推动 RDA 在国内的普及和发展。

本书由上海图书馆周德明副馆长主编，上海图书馆采编中心倪道敏主任负责组织、分工与协调，编著者均来自上海市图书馆学会信息资源组织专业委员会的委员，由于是多位作者分章编写，在编写过程中，我们注重各章节在内容上的逻辑关系，力争做到论述清晰；同时，尽量注意专用词语的严谨、统一与规范化。

本书共分为 7 章，编写大纲和最后的统稿由李芳制定和完成，具体编写分工如下：第 1 章由纪陆恩撰写；第 2 章由李芳撰写；第 3 章由胡小菁撰写；第 4 章由张洁撰写；第 5 章由娄秀明撰写；第 6 章由江丽萍撰写；第 7 章由郑佳盈、陈培文撰写。

在编写过程中，本书广泛吸取了国内外的大量相关研究成果，参考和引用了许多图书馆学专家学者的有关著述，在此仅致以衷心的谢意！藉此出版之际，我们要衷心感谢上海图书馆采编中心。上海图书馆作为国内首家以 RDA 规则编制记录的图书馆，上传的记录得到了 OCLC 的认可和好评，他们整理和精选了上传 OCLC 的部分有代表性的 RDA 记录，涉及多种类型中文图书和西文图书，将中文图书 RDA 原编记录作为本书的参考案例，可以说这是本书的又一亮点。

本书的出版，我们要感谢 OCLC 北京代表处首席代表丘东江老师的多次关心和大力支持，《RDA：从理论到实践》一书的撰写最初是在丘老师的倡议下付诸实践的。上海图书馆吴建中馆长、周德明副馆长等领导对本书的编写极其重视，吴馆长长期关注 RDA 规则在图书馆界的应用，推进 RDA 在上海图书馆的具体实践；周副馆长主持、指导本书的编写，还为本书作序，对我们的研究工作可以说是极大的鼓励和鞭策。特别值得一提的是，本书的编写如果没有上海图书馆采编中心倪道敏主任卓有前瞻的策划、全力推动和精心组织，就没有本书的付梓出版，而编目精灵——华东师范大学图书馆研究馆员胡小菁老师的具体指导与亲笔参与，也给了我们完成本书的信心。她对书中许多重要信息进行把关和指导，本书中最关键的部分之一即是由她负责完成。上海图书馆研究馆员纪陆恩不但完成了自己负责的部分章节，还帮助指导参与编写的年轻编目员，使本书的编写得以顺利完成。最后，我要深深感谢一起为完成本书而奋战二百多个日夜的各位老师，他们花费了大量业余时间，在这段时间里，单位工作之忙、任务之多、压力之重，都没有影响他们完成书稿的热情和信心。

最后，需要说明的是，本书的研究涉及 RDA 的内容标准等多个方面，且其内容不断在变化，书中必有不少纰漏之处，藉此出版机会，诚恳地希望专家和同行斧正。

李芳
2014 年 1 月于上海

目　录

第1章　从 AACR2 到 RDA …………………………………… (1)
 1.1　AACR2 的时代 ……………………………………… (1)
  1.1.1　发展历史 ……………………………………… (1)
  1.1.2　局限概说 ……………………………………… (6)
 1.2　RDA 诞生的背景 …………………………………… (8)
  1.2.1　时代背景 ……………………………………… (8)
  1.2.2　RDA 的酝酿筹备 ……………………………… (9)
  1.2.3　RDA 的编制开发 ……………………………… (11)
  1.2.4　RDA 的实施准备 ……………………………… (15)

第2章　RDA 设计的理论框架 …………………………………… (19)
 2.1　RDA 设计的目标和原则 …………………………… (19)
 2.2　一个编目原则 ……………………………………… (22)
 2.3　三个概念模型 ……………………………………… (24)
  2.3.1　书目记录的功能需求(FRBR) ………………… (25)
  2.3.2　规范数据的功能需求(FRAD) ………………… (30)
  2.3.3　主题规范的功能需求(FRSAD) ……………… (31)

第3章　RDA 的内容结构 ……………………………………… (34)
 3.1　第1-4部分——实体属性 ………………………… (35)
  3.1.1　载体表现和单件(第1—4章) ………………… (36)
  3.1.2　作品和内容表达(第5-7章) ………………… (44)
  1.3　个人、家族和团体(第8—11章) ……………… (48)
  3.1.4　概念、实物、事件和地点(第12-16章) ……… (51)
 3.2　第5-7部分——资源与实体关系 ………………… (52)

3.2.1　资源的基本关系(第17章) ⋯⋯⋯⋯⋯⋯⋯ (52)
　　3.2.2　资源与责任关系(第18－22章) ⋯⋯⋯⋯⋯ (54)
　3.3　第8－10部分——同组实体间关系 ⋯⋯⋯⋯⋯⋯ (56)
　　3.3.1　第一组实体间关系(第24—28章) ⋯⋯⋯⋯ (57)
　　3.3.2　第二组实体间关系(第29－32章) ⋯⋯⋯⋯ (58)
　3.4　附录 ⋯⋯⋯⋯⋯⋯⋯⋯⋯⋯⋯⋯⋯⋯⋯⋯⋯⋯ (59)
　　3.4.1　文字形式附加说明 ⋯⋯⋯⋯⋯⋯⋯⋯⋯⋯ (59)
　　3.4.2　显示句法与MARC对照表 ⋯⋯⋯⋯⋯⋯⋯ (60)
　　3.4.3　个人名称附加说明 ⋯⋯⋯⋯⋯⋯⋯⋯⋯⋯ (61)
　　3.4.4　关系说明语 ⋯⋯⋯⋯⋯⋯⋯⋯⋯⋯⋯⋯⋯ (62)
第4章　RDA的概貌特征 ⋯⋯⋯⋯⋯⋯⋯⋯⋯⋯⋯⋯⋯ (64)
　4.1　RDA的应用特点 ⋯⋯⋯⋯⋯⋯⋯⋯⋯⋯⋯⋯⋯⋯ (64)
　　4.1.1　应用环境数字化与网络化 ⋯⋯⋯⋯⋯⋯⋯ (64)
　　4.1.2　应用背景国际化 ⋯⋯⋯⋯⋯⋯⋯⋯⋯⋯⋯ (66)
　　4.1.3　应用格式灵活性与兼容性 ⋯⋯⋯⋯⋯⋯⋯ (68)
　　4.1.4　应用对象多样化 ⋯⋯⋯⋯⋯⋯⋯⋯⋯⋯⋯ (70)
　4.2　RDA的编制特点 ⋯⋯⋯⋯⋯⋯⋯⋯⋯⋯⋯⋯⋯⋯ (71)
　　4.2.1　编制基础与原则 ⋯⋯⋯⋯⋯⋯⋯⋯⋯⋯⋯ (71)
　　4.2.2　内容国际化 ⋯⋯⋯⋯⋯⋯⋯⋯⋯⋯⋯⋯⋯ (72)
　　4.2.3　概念术语与时俱进 ⋯⋯⋯⋯⋯⋯⋯⋯⋯⋯ (74)
　　4.2.4　著录规则改变 ⋯⋯⋯⋯⋯⋯⋯⋯⋯⋯⋯⋯ (77)
　　4.2.5　内容结构灵活 ⋯⋯⋯⋯⋯⋯⋯⋯⋯⋯⋯⋯ (81)
第5章　RDA与关联数据 ⋯⋯⋯⋯⋯⋯⋯⋯⋯⋯⋯⋯⋯ (83)
　5.1　关联数据 ⋯⋯⋯⋯⋯⋯⋯⋯⋯⋯⋯⋯⋯⋯⋯⋯⋯ (83)
　　5.1.1　关联数据概述 ⋯⋯⋯⋯⋯⋯⋯⋯⋯⋯⋯⋯ (83)
　　5.1.2　关联数据的作用 ⋯⋯⋯⋯⋯⋯⋯⋯⋯⋯⋯ (86)
　　5.1.3　关联数据的应用研究 ⋯⋯⋯⋯⋯⋯⋯⋯⋯ (87)
　　5.1.4　关联数据在图书馆的应用 ⋯⋯⋯⋯⋯⋯⋯ (91)
　　5.1.5　与关联数据相关的语义网技术 ⋯⋯⋯⋯⋯ (96)

5.2 RDA 为关联数据而生……………………………………(99)
  5.2.1 RDA 改变书目环境………………………………(99)
  5.2.2 RDA 实体关联关系………………………………(101)
  5.2.3 RDA 的关联数据表达……………………………(103)
5.3 关联书目数据模型 BIBFRAME …………………………(111)
  5.3.1 BIBFRAME 概述 …………………………………(111)
  5.3.2 BIBFRAME 模型及词汇……………………………(113)
  5.3.3 RDA 与 BIBFRAME ………………………………(118)
5.4 关联数据对信息组织的影响………………………………(119)

第6章 境外主要机构 RDA 实践……………………………(123)

6.1 美国国会图书馆 RDA 实践………………………………(124)
  6.1.1 LC—PCC PS ……………………………………(125)
  6.1.2 培训………………………………………………(128)
6.2 加拿大国家图书档案馆 RDA 实践………………………(130)
  6.2.1 培训………………………………………………(131)
6.3 英国主要图书馆 RDA 实践………………………………(132)
  6.3.1 剑桥大学图书馆…………………………………(133)
  6.3.2 牛津大学图书馆…………………………………(134)
6.4 EURIG 的 RDA 实施………………………………………(136)
6.5 澳大利亚主要图书馆 RDA 实践…………………………(138)
  6.5.1 培训………………………………………………(139)
  6.5.2 RDA 实施情况列表………………………………(141)
6.6 日本国立国会图书馆 RDA 实践…………………………(143)
6.7 中国台湾地区图书馆 RDA 实践…………………………(144)
  6.7.1 培训………………………………………………(145)
  6.7.2 RDA 中文编目……………………………………(146)
  6.7.3 RDA 西文编目……………………………………(147)
6.8 小结与启示…………………………………………………(149)

第7章 RDA 在中国的应用和发展…………………………(152)

7.1 RDA 中国大事记 ……………………………………（152）
　7.1.1 理论探讨 ………………………………………（152）
　7.1.2 翻译引入与理论追踪研究 ……………………（155）
　7.1.3 相关培训 ………………………………………（156）
　7.1.4 网上认知调研 …………………………………（157）
　7.1.5 国内 RDA 实施案例 ……………………………（159）
7.2 RDA 对国内图书馆的影响 …………………………（162）
　7.2.1 促进中国编目规则的修订 ……………………（162）
　7.2.2 扩大中文编目范围 ……………………………（163）
　7.2.3 常设中文编目工作与规则修订的组织管理机构……
　　　 ………………………………………………………（164）

附录 …………………………………………………………（165）
结束语 ………………………………………………………（176）

第1章　从 AACR2 到 RDA

1.1　AACR2 的时代

1.1.1　发展历史

英美编目条例（Anglo – American Cataloguing Rules，AACR）最早可追溯到 1841 年潘尼兹（Antonio Panizzi，1797～1879）编制的《目录编制规则》，简称《91 条规则》，当时在《英国博物馆印刷本图书目录》第一卷中（p. 5－9）出版。1973 年英国博物馆改称英国图书馆，原来博物馆中的图书馆便成了新的英国图书馆的一部分。而潘尼兹的《91 条规则》作为这一时代首次出现的编目实践方面的标准，成为了此后《英美编目条例》的基础，为后续规则的发展与深化起到了奠基作用。

19 世纪中叶以前，美国的编目基本依照欧洲模式，1852 年史密森学会图书馆馆长杰维特（Charles Coffin. Jewett，1816～1868）出版了《论目录的建设以及总目录题名的排列方式、规则及范例》体现了"集中编目"思想，进一步明确了"团体著者"的概念与范围等，形成具有美国特色的编目道路，对后续编目工作的规范化与标准化具有重大推动作用。

1876 年美国人卡特（Charles Ammi. Cutter，1837～1903）出版了他的第一版《字典式目录规则》，他的规则阐述了编目的第一原则（著者原则）和目录的目的。《字典式目录规则》包括款目（有著者、题名、主题和形式标目）和著录两部分，历经先后四次修订,最终成为之后英美合作编制的编目规则 AACR 的基础[①]。卡特的《字典式目录规则》开创了英美编目体系中多途径检索的新阶段,为现代各国及国际性编目条例的发展奠定了基础。

从 1841 年到 1900 年间,英美两国不断修订编目条例的同时,德、法、意、西班牙等国也各自出版编目条例。1908 年,"英美规则"与"普鲁士规则"同时问世,西方两大编目体系最终确立。直至 1961 年,巴黎原则出现后,文献编目工作才真正开始走上国际统一的标准化道路[②]。

1883 年美国《图书馆杂志》首次出版了美国图书馆协会编目规则《著者和题名目录简明规则》。1900 年美国图书馆协会组织人员来修改上述规则,1902 年经过修订出版了美国图书馆协会规则的预印版,努力与美国国会图书馆规则保持一致。而 1904 年美国国会图书馆也修订出版了卡特规则的第四版,也尽力保持与美国图书馆协会的规则一致。

1893 年英国图书馆协会出版了自己的编目规则,1902 年组织力量对其进行修订,主要吸收了英国博物馆规则和美国图书馆协会规则的预印版内容。

美国著名图书馆学家杜威(Melvil Dewey,1851~1931)注意到英美英语国家编目条例存在较大差异,为倡导国际化编目活动,最先提出大西洋两岸合作编制英美编目条例的设想。1904 年美国图书馆协会和英国图书馆协会正式同意合作,各类问题通过书信方式进行探讨。1908 年第一次国际编目规则以英美两个不同版本出现,编目界称之为《AA 条例》或《AA 1908》,美国版称为《目录规则,著者和题名款目》(Catalog Rules, Author and Ti-

---

① The Joint Steering Committee for Revision of AACR. RDA:Resource Description and Access. 2005(July,8,2005)[EB/OL]. [2010 - 10 - 2]. http://www.docin.com/p - 13317422.html;陈家翠译[EB/OL]. [2010 - 10 - 2]. http://www.rda - jsc.org/docs/rdapptjuly2005_chi.pdf

② 高红编著. 编目思想史[M]. 北京:北京图书馆出版社,2008.5

tle Entries），英国版称为《编目规则，著者和题名款目》（Cataloguing Rules, Author and Title Entries）。两个版本虽然基本相同，都为174条，但也存在不少差异。

美国图书馆协会与英国图书馆协会此后不断合作，直至1939年二战爆发，1941年美国图书馆协会修订出版过1908年美国版规则预备版（第二版）。1949年还出版过《美国图书馆协会著者和题名款目编目规则》，而当年晚些时候出版的《美国国会图书馆描述性编目规则》得到了美国图书馆协会的认同，通过国会图书馆发行的目录卡片形式，被当时美国各图书馆所接受[①]。

在欧洲大陆的德国，齐亚茨科（Karl Franz. Otto Dziatzko, 1842~1903）于1874年出版了《布雷斯劳皇家图书馆兼大学图书馆字顺卡片目录编目规则》。到1935年前后，以此为基础的《普鲁士规则》在欧洲大部分地区发展也趋向成熟，整个欧洲大部分地区包括奥地利、匈牙利、意大利、瑞典、丹麦、荷兰、挪威等国均先后采用了该规则。

在美国图书馆协会提议下，1951年美国国会图书馆的柳别斯基（Seymour. Lubetzky, 1898~2003）受命研究1949年美国图书馆协会的规则，听取了英国图书馆协会的修改建议，于1953年以报告形式出版了第一个基于原则的规则《编目规则与原则》。1960年编制完成《编目规则的条例：著者和题名款目》草案。柳别斯基起草的规则、条例创造性地阐述了目录的功能，澄清了图书和著作之间的区别以及阐述了编目的基本原则，在其离开美国国会图书馆后，又完成了《编目原则——最终报告——第一部分：描述性编目》。

柳别斯基的编目思想对后世影响极大，不仅提出编目存在的问题，更指明了解决这些问题的方法与途径。例如其为后人创造

[①] 刘静一.《英美编目条例》（AACR）发展简史.重庆图情研究[J], 2009(2): p.60-61

了设计编目规则时应采用的方法论——编目原则理论,而此后编目原则的出现使其得到很好的印证;他重新定义的"作品"概念在编目界也可称为是一种跨时代的创新,从现今的书目记录的功能需求(Functional Requirements for Bibliographic Records,FRBR)、资源描述与检索(Resource Description and Access,RDA)中所出现的"作品"概念到国际图联(International Federation of Library Associations and Institutions,IFLA)为此特地强调作品实体的汇聚功能,也许正是为更好体现柳别斯基当初的"作品"思想。又如他所提出的将目录功能作为编目条例制订的基础和原则,将"查找"、"汇集"的功能对目录的作用作了明确阐述,这些论述在当前 FRBR 的基本任务中我们都可清晰地看到,可以说当时柳别斯基的某些编目思想已经突破了时代的局限,走到了当今编目发展的前沿。

1961 年在法国巴黎召开国际编目原则会议,会议出发点是考察著者和题名目录中的标目形式和选择,会议结果是 12 条 55 款的《原则声明》(又称"巴黎原则")得以通过。"巴黎原则"明确了字顺目录的任务,对目录结构、种类、款目标目的选取及形式作了统一规定,并对原先的两大编目体系——英美体系和普鲁士体系尽量进行了调和,从而缩小了两大编目体系间的差异,真正走出了英美,几乎成了后来西方主流编目规则的基础,"国际编目原则会议"的成功召开,标志着编目标准化时代的到来[1]。

国际标准书目著录(International Standard Biliographic Description,ISBD)产生前,图书馆目录的计算机自动化应用得到较大发展,书目记录的标准化,有助于将传统书目形式转换为机读形式。在此背景下,IFLA 在丹麦哥本哈根于 1969 年召开了国际编目专家会议(International Meeting of Cataloguing Experts,

---

[1] 张秀兰. 从 AACR1—RDA——英美编目条例的修订发展历程[J]. 图书馆建设,2006(2):p. 44-47

IMCE)。会议达成的重要决议就是"世界范围书目控制",其要点即:"必须致力于建立一种国际情报交流系统,以便通过这个系统由全国性的编目机构为本国的各种出版物编制和发行标准的书目著录数据",同时强调"若想使该系统取得成功,全球各国的书目著录格式及内容上最大限度的标准化是非常必要的条件"。为此成立专门工作组来拟定国际标准书目著录(草案)。这些努力最终为实现书目情报的国际交流与共享打下了基础,会议同时还解决了基本著录元素按指定顺序和标点符号显示书目格式等问题。

1966 年美国图书馆协会和英国图书馆协会对之间对两国间继续修订编目条例达成了协会备忘,而美国国会图书馆与加拿大图书馆协会也正式参与进来。

根据"巴黎原则"精神英美编目条例于 1967 年完成编制,但由于英美两国对"巴黎原则"的理解与解释不一,又因各自具有不同的传统编目实践,分歧难以消除,条例最终以英国版和北美版两个版本出版。在英国版中保留了英国的编目传统,在北美版中保留了美国的编目习惯。

英美编目条例修订联合指导委员会(The Joint Steering Committee for the Revision of AACR,JSC)于 1974 年成立,成员来自美国图书馆协会、英国图书馆协会、加拿大图书馆协会、英国图书馆和美国国会图书馆。主要任务是合并北美版与英国版的英美编目条例。该委员会任命英国图书馆的麦克戈尔曼(Michael Gorman,1941 -)和美国国会图书馆的保罗温科勒(Paul W. Winkler)修订英美编目条例[1]。

在进一步认同 1969 年 IFLA 制定的 ISBD 计划基础上,基于使母语为英语的国家能对编目规则达成一致,《英美编目条例第

---

[1] 黄如花,周伟."资源描述与检索"(RDA)的实施进展[J]. 现代情报,2012(9):p.3 - 5

二版》（AACR2）在1978年正式发布了，分为两个部分：第一部分为著录，基于ISBD框架；第二部分为款目和标目。由此统一了原先有差异的英国版与美国版，第一次在大西洋两岸统一了编目规则，使美国、加拿大和英国共享一套规则。它既结合了ISBD，也更符合巴黎原则，所有这些使得它与当时世界上使用的其他编目规则更为接近与兼容。历经1988、1998和2002年的重大修订后，AACR2为适应不同时代环境变化，做出了适应性改变，例如电子资源、连续出版物和集成资源方面的修订等，但均遵循了相同的结构作为AACR修订原则。

1.1.2 局限概说

AACR产生于传统的卡片时代，著录规则受限于卡片与传统目录组织，往往只关注单一记录的描述，而文献之间以及记录之间的关系难以很好体现。尽管AACR2的编目规则在持续修订与完善，但由于规则日趋复杂，编目员在理解和应用上也越发艰难，而且规则已经远远无法满足对越来越多品种的数字资源地描述与揭示的需要，更难以在新的数字环境下满足读者、用户的需求[①]。

1. 著录基本原则与文献类型界定方式面临改变

AACR2第一部分著录引言中规定："著录的出发点是手头文献的物理形式，而不是作品早先已经出版的原始形式"。这是AACR2的基本著录原则，但是对当前网络环境下的数字资源已不再适用，如存储在远程计算机上的数字资源就不存在"手头文献"一说。此外，AACR2是基于文献类型著录的，不同的文献类型对应不同规则，但是它对于新出现的文献很难界定其文献适用类型，例如数字化测绘资料。因此无法找到相应规则进行

---

① 吴慧群.RDA对我国文献编目的影响［J］.图书馆建设，2013（2）：p.20-23

著录。

2. 作品的内容表达、载体表现的著录方式面临改革

社会、科技的发展，使当前文献资源呈现出许多新特点，出现了多种载体并存的现象，如纸质文献、电子文献、多媒体资源、互动作品、混合作品等同时存在；同一作品又有不同的表达方式，如小说版、戏剧版、多媒体版等多种表达方式；同一作品也存在不同的存储格式，如 avi、mpeg 等不同载体表现形式。AACR2 与传统的资源著录规则难以解决在同一作品主题下反映出同一个内容的各种表现形式。为减少重复劳动，联机联合编目工作日益盛行，使得联合目录数据库中数据量不断增大，而其中出现同一主题存有多条相似记录的情况也不断增多。由于编目员采用的是"单一记录原则"，记录间又缺乏关联，相同作品因为载体形态或表达方式的差异会呈现出不同的多条书目记录。用户若需查找特定资源，须经层层搜索才能最终找到相关资源，不但影响了用户的检索效率，也不能够很好地反映出资源的多样性。对用户来说从查找、识别、选择到获取都极不便利，从便利用户的角度出发，这种情况亟须得到改变。

3. 当前网络环境下不断变化的数字资源的描述手段需要创新

AACR2 产生的时代局限，当时以解决印刷型文献为主，显然规则不可能更多考虑适应动态多变的数字化资源著录环境的需要。但当前学科门户资源类型不断扩大；资源变化情况纷繁复杂，规则中相应内容面临改变与经常更新；编目环境已从单体图书馆向网络化、联合作业发展；编目人员也由图情专业人员向出版界、作者等社会群体扩展。而 AACR2 中却只反映了 3 种类型的数字资源：电子资源、电子程序、电子数据和程序，不能够细分与描述电子资源的种类；同时 AACR2 也无法处理不断呈现的新的资源类型的变化，各类编目人员无法通过纸版发行方式达到统一掌握变化的新规则的要求。因而需要对当前网络环境下不断出现的数字资源的著录与描述手段进行探索与创新。

1.2 RDA 诞生的背景

1.2.1 时代背景

随着现代信息技术的迅猛发展及其在图书馆的广泛应用,随着互联网时代的到来以及数字出版的兴起,信息交互越发便利,数字技术给图书馆、档案馆、博物馆、出版机构以及相关机构的数据库建立和维护带来很大变化。编目工作环境和模式也发生了重大变化,编目方式从传统手工编目向计算机、网络化发展;编目对象由传统印刷型文献扩展到数字网络信息资源;书目记录的格式也由传统卡片目录向现代机读目录甚至现代元数据转变。但是作为当今世界范围使用最为广泛的内容标准 AACR2 在历经多次修订和更新后,近三十年仍采用第二版,其主体结构和思想没有多少改变,因其过于庞杂以及依赖卡片目录概念,难以适应数字资源的描述,很多用户对此提出了批评意见。

在 1992~1996 年间,一个 IFLA 研究小组开发了叫做书目记录功能需求,即 FRBR 的概念模型,加强了目录的基本目标与帮助用户利用目录完成基本工作任务需求之间关系的重要性,使用户能够查找、识别、选择和获取他们所需信息,同时也提供了满足基本用户需求的结构,包括在作品和内容表达级别上组织记录并展示记录间的关系的方法。于是,人们逐渐认识到,完成数字时代资源的著录,需要有一个基于以下基础框架的新的内容标准的出现,能够全方位地支持对不同内容和不同载体资源的著录,具有满足新生资源特点的灵活性和可扩展性以及在广阔的技术环境下数据生产所需要的适应性,能够基于网络,满足数字和其他类型编目,能产生用于数字环境的记录。同时也有专家意识到,需要有一个标准能在数据著录与数据显示之间划分出清晰的边界，能为数据记录提供指南。这些数据记录能够独立地应用于所有数据存储或显示的特定结构或句法；需要有一个更为简单易用（兼容更多元数据框架、适用全球使用）、逻辑性更强、更加经济、力求能兼容以前标准产生的数据以及能够充分考虑用户查找、利用资源等需求的新的标准出现。它能成为一个有效改变原有编目工作方法，基于更多原则的内容标准，让编目员有分析、判断的空间等等。

到了 20 世纪 90 年代末期，负责《英美编目条例》修订的联合指导委员会 JSC 收到了很多来自用户单位的意见。综合各种意见后确认 AACR2 过于复杂，结构缺乏逻辑性，将内容与载体术语混淆，缺乏层次感、缺乏对受编内容来说至关重要的关联关系。考虑到 AACR2 产生早于互联网的出现，更早于 IFLA 提出的概念模型和国际编目原则声明，它的产生是建立在早期的卡片式标准之上的，同时也考虑到规则的国际化应用，需要去除规则中的英美偏见问题。更为重要的是，当时该委员会已经意识到周围环境的变化和概念模型的出现提供了改进编目方式和向用户传递书目信息的方式的可能。于是，JSC 决定积极为制定未来的内容标准做准备，时机成熟时对原来的 AACR2 进行更为全面和彻底地修订。

1.2.2　RDA 的酝酿筹备

1997 年 10 月，英美编目条例修订联合指导委员会在加拿大多伦多召开了"AACR 原则和未来发展国际会议"。邀请了来自世界各国的专家共同制定 AACR 未来的行动计划。当时 IFLA 正在编制并准备出版《书目记录功能需求》（FRBR），与会专家从 FRBR 视角出发对 AACR2 存在的问题提出了意见与建议，阐述了从"作品"到"单件"的三层或四层结构对编目、用户、图书馆目录的重要性，为 RDA 最终采用 FRBR 概念模型提出了最初的设想[①]。

1998年，IFLA正式出版了《书目记录的功能需求》（FRBR），其引入的FRBR概念模型和理念为后期AACR2的修订提供了理论基础。它采用新的术语标识实体、关系和属性，而不依赖于任何特定通信格式和数据结构，开启了书目著录和检索点结构化的新模式。

JSC格式变化工作组（Format Variation Working Group 2001~2004）于2001年成立，其最初任务是开发实验，测试为"内容表达"创建书目记录，之后陆续提出了如何将FRBR结合到AACR的建议，探索新的编目规则能否展示FRBR关系等。工作组还讨论用GMD在目录中识别内容表达，并与其他对FRBR感兴趣的机构的进行合作，小组的成果在此后的RDA中得到了充分的体现。

JSC及主管机构"负责人委员会"（Committee of Principals for AACR, COP）于2002年先后召开多次会议，确立了AACR战略规划，提出了新版AACR的雏形，包括采用FRBR概念与术语、修订术语，解决"一般资料标识（GMD）"概念问题等，此后这些战略要求均落实到了具体行动中。

2003年12月，旨在替代"巴黎原则"的新的"国际编目原则声明"（草案）在德国法兰克福的IFLA国际编目原则第一次专家会议上得到了通过，新的原则要求由新的编目规则来配套予以实现。为适应新的形势发展需要，更好描述包括电子资源在内的各类型文献，允许灵活使用各种级别来描述文献，更好地共享书目记录，兼容各种不同编目格式，使用于不同的信息组织系统以及采用FRBR概念模型，全面支持FRBR用户任务，有必要编制

---

① 胡小菁.《资源描述与检索》的酝酿、编制与实施[J]. 国家图书馆学刊, 2011（2）: p.3-7

全新的 AACR 版本[①]。

除了 FRBR 出现以及"国际编目原则声明"（草案）的通过，影响到此后 RDA 的出台，对虚拟国际规范文档（VIAF）的产生也起到了非常重要的作用。

RDA 既要成为全球各国能使用的编目规则，规范与控制方面也须有所创新，解决因不同规范文档、不同语言和文字等带来的障碍。于是一种新的书目控制理念为 RDA 最终出台奠定了基础，它转变了全球所有人都对同一实体使用相同规范主题词的思维模式，摒弃了目前由统一书目机构创建和维护规范记录的模式，通过关联各国书目机构所创建的规范记录，保存不同文字和结构形式，提供用户识别和查找自己能读懂的文字的规范词，虽没有一个包含所有记录的统一的数据库，但却链接世界所有的主要规范文档。

随着现代元数据的出现，使人们看到了其他领域处理数字世界的结构的方法，看到了除了用传统元数据来封装资源和检索信息的方法外，还有其他手段。认识到现代元数据更容易与互联网相结合，更易于被搜索引擎所发现，是时候出台一个能够适用于任何新出现元数据的内容标准。

1.2.3 RDA 的编制开发

2004 年，AACR 主管机构"负责人委员会"任命加拿大人 Tom Delsey 担任新版《AACR3：资源描述与检索》的主编，当时确定的 AACR3 由导论、第一部分描述、第二部分选择检索点与第三部分检索点形成组成，预计在 2007 年出版，并于 2004 年底第一部分草案出台征求各方意见。

2005 年 4 月，修订计划发生了一些重大变化，世界各国的规

[①] 徐涌. 资源描述与检索（RDA）的发展概况与应用前景[J]. 现代情报，2007（12）：p. 16-22

则制定者、各国国家图书馆以及其他相关组织都对 AACR3 的初稿给出了回应,这些意见使修订委员会觉得需要对 FRBR 模型进行修改十分必要,需要更加紧密结合 FRBR 以构建元素集。会议确立了 RDA 在结构上更加直接地与书目记录功能需求 FRBR 和规范记录功能需求(Functional Requirements for Authority Records,FRAR)[1] 接轨,将方便元数据互操作,兼容目前联机图书馆目录中的现存记录,降低总体成本也纳入到修订考虑范畴。因特网世界和蒂姆伯纳斯-李提出的语义网的愿景已经开始迅速发展,很明显以前的编目方式必须得到改变,不能继续在无法与其他信息社会成员交流的系统中用 MARC 格式进行"记录"。图书馆界必须对未来进行规划,需要对关联数据环境有所计划,以保证在更广阔的领域仍然占据重要地位。因此,新的结构和计划产生了,为了强调描述与检索这两项重要的任务,其名称也更改为"资源描述与检索"。更为重要的是,从世界的视角出发,取消对英美的强调也作为修订任务之一。归纳起来,这次会议达成了 RDA 的总体开发思路,主要体现在以下三个方面:①RDA 将是一种为数字环境而设计的资源描述与检索的新的内容标准;②RDA 将设计成一种全球互联网络环境应用的在线产品;③确立了详细的开发时间表与任务。

在 2005~2006 年间,陆续成立过几个工作组,负责 RDA 所涉及的一些专业问题。如"一般资料标识/特殊资料标识工作组",目的是建立一整套术语,取代 AACR 时代的"一般资料标

---

[1] FR 家族成员除了最主要的 FRBR,FRAD 外还包括 FRSAD 和 FRBRoo,IFLA 相关工作组继 1998 年推出 FRBR(Functional Requirements for Bibliographic Records)后,又于后续年份推出了(FRAR, Functional Requirements for Authority Records)、FRNAR(Functional Requirements and numbering of Authority Records)、(FRSAR, Functional Requirements for Subject Authority Records)等,之后才修订与改变为 FRBR,FRAD,(Functional Requirements for Authority Records)和 FRSAD(Functional Requirements for Subject Authority Records)等.如 2007 年 4 月 IFLA 推出新草案(FRAD, Functional Requirements for Authority Data),修订与包括了 2005 年的 FRAR 和 FRNAR(Functional Requirements and Numbering of Authority Records)内容

识"(GMD)和"特殊资料标识"(SMD)。工作组所提出的媒介类型、载体类型和内容类型术语，成为后期 RDA 与出版界元数据标准 ONIX 共同提出"RDA/ONIX 资源种类框架"的基础。2006 年，更新后的各部分草案陆续征求了各方意见，准备于 2007 年完成，2008 年出版。

值得注意的是，2006 年 IFLA 计划在全球各大洲五年内召开五次《国际编目原则声明》专家会议的第四次会议在韩国首尔得到了落实。我国参与了《国际编目原则声明》的制定，特别是 2006 年在韩国首尔召开的"第四届国际编目规则专家会议"上，中国有 7 位代表参加了这一重要会议，并且修订与签署同意采用"国际编目规则"的最终版本。

自 2007 年南非会议之后，《国际编目原则声明》才由草案变为了正式文本，联合指导委员会的负责人 Barbara 同时也直接参与并组织《国际编目原则声明》的起草与修订，可以说两者是相关影响与联系的。其中的各项原则在 RDA 中也得到了充分的体现，可以看到，RDA 从 FRBR 和规范数据的功能需求（Functional Requirements for Authority Data, FRAD）概念模型中借鉴了实体和实体的识别属性——包括"核心"元素、关系和用户任务。RDA 从 ICP 中借鉴了基本原则。

随着计划出版期的临近，不断出现的各种声音对修订提出了更多的质疑，使 RDA 的管理机构 COP 领导的 RDA 的开发工作陷入了两难的境地。一些人主要出于对明显放弃 ISBD 结构不满，或者对规则的概念、组织结构、格式、或使用上存在理解困难的不满，认为 RDA 远离了传统编目，太激进；而另一种看法认为 RDA 改变不够彻底，不满其篇幅过长，拘泥于 AACR2，过于繁复，甚至提出从底层对 RDA 进行彻底的重构。2006 年美国国会图书馆成立书目控制未来工作组，并于 2007 年 11 月底公布工作组最终报告（草案），几乎对 RDA 草案进行全盘否定，同时建议暂停 RDA 开发，并指出作为 RDA 基础的 FRBR，需要用真正的编目数据做更大规模的测试，对测试结果进行分析等，还建议 JSC 与 DCMI 组织在书目描述词汇等语义网技术等方面继续开展工作，预示美国国会图书馆有退出参与 RDA 的编制工作的可能。

面对多方质疑，RDA 预计出版延后已经不容置疑，但当时作为编制方的英国、美国、加拿大、澳大利亚 4 国家图书馆为稳定人心，于 2007 年 10 月匆忙发布了在 2009 年底前实施 RDA 的声明，并声称 RDA 将与国际性的原则、模型和标准兼容，使用 RDA 创建的数据将能与现有记录兼容。

尽管质疑不断，在 2007 年 10 月 JSC 还是同意了主编提出的 RDA 结构调整方案，使数据元素更接近 FRBR 实体与用户任务。新结构由 FRBR 实体的属性和实体间关系两大部分组成，共计十个章节，使得此后的修订基本固定在该结构之上。

虽然 COP 对美国国会图书馆成立书目控制未来工作组在 2007 年 11 月底公布工作组最终报告（草案）及时作了相关回应，试图说服美国国会图书馆不要退出 RDA 的编制，但在 2008 年 1 月工作组发布的最终报告中仍坚持"暂停 RDA 开发"这一立场。此后美国国会图书馆才与美国国家医学图书馆、国家农业图书馆一起共同开发、完成、测试、分析费用效益，研究共同设计 RDA 实施方案等，并于 2008 年 5 月发表过三个国家图书馆的测试联合声明。

元数据与数字图书馆领域的专家 Diane Hillmann 和 Karen Coyle，前期希望彻底改变 RDA 研制方向，此时也看到了 RDA 发展的趋势，最后也给出了妥协性意见，提出通过给 RDA 元素及术语表作元数据注册的方式将 RDA 引入 21 世纪。RDA 注册链接最终通过 RDA 联机产品中"其他资源"的方式进行体现。

尽管 DCMI/RDA 工作组以及元数据界对传统编目界不断推动，联合指导委员会最终考虑到数据格式的兼容与图书馆自动化系统主要采用 MARC 格式的现实情况，还是在 2008 年成立了"RDA/MARC 工作组"，并考虑选择首先将 RDA 与 MARC21 进行结合。

联合指导委员会在关注 RDA 与 MARC 结合的同时，也密切关注 IFLA 以及各种元数据领域的发展情况。在 2008 年参与 MARC21 格式的修订工作以使其适应 RDA 的规则的过程中，RDA/MARC 工作组向 MARC21 维护机构 MARBI 提出了很多很好的建议，其中一些已经得到了 MARBI 投票同意。这些 MARC 的变化已经在联机计算机图书馆中心（Online Computer Library Center，OCLC）联机系统与本地系统中得到修改与落实，其中就包括了现在增加的 336－338 字段等。联合指导委员会同时也注意到 MARC 格式束缚了 RDA 想要在语义网/关联数据环境中发挥更大作用的目标。因此除了与全球图书馆编目工作者合作外，也积极与其他元数据领域专家进行合作，希望共同为 RDA 改进做出努力，并提出了今后使 RDA 成为更加基于"原则"的规则的方向性建议。

2008 年 11 月 RDA 最终评估版公布，并在征求意见后于 2009 年完成编制。2010 年 6 月 RDA 以工具套件形式（RDA Toolkit）正式在网络发行，但作为 RDA 基本组成部分的词汇部分直到 2011 年 8 月才正式发布。

自从联合指导委员会决定开发新版 AACR 后，RDA 内容框架发生过数次重大变动，按照草案公示的时间来看，可以分为 2004 年 12 月、2005 年 12 月、2006 年 6 月和 2008 年 11 月共四次。从最终结果看，RDA 较为忠实地贯彻了 FRBR/FRAD 理念，不再延续按资源类型分类的组织结构，而是从内容、媒介和载体三个角度分别对资源类型进行界定，一方面有利于适应复合多种类型的资源描述，另一方面降低了资源类型的颗粒度，为未来进一步开发 RDA 的应用提供便利。

1.2.4 RDA 的实施准备

1. RDA 工具套件（RDA Toolkit）

RDA 编制完成后，联机版上线因设计原因一再延期，直至

2010年6月，联机版 RDA 工具套件才得以正式发布。RDA 工具套件是一个综合的并基于浏览器的在线产品，它允许用户利用一系列与编目相关的文件和资源并进行互动，其中包括 RDA 的具体规则；通过工具套件还可以获取的其他资源有：AACR2、FRBR、FRAD、主题规范功能需求（Functional Requirements for Subject Authority Records, FRSAD）和美国国会图书馆政策声明（Library of Congress Policy Statements, LCPS），共享订阅用户所创建的工作流程和其他程序文件；多种模式的 RDA 映射表，包括 MARC21 等。此外，还在 RDA 工具套件中共享了多个示范"工作流程"，极大方便了使用者使用，避免用户在庞大 RDA 文本中来回查找等等。为推广应用，提供过为时 30 天的免费试用期，让大家免费体验在线产品的内容。

2. RDA 测试

由美国国会图书馆（Library of Congress, LC）、美国国家农业图书馆（National Agricultural Library, NAL）、美国国家医学图书馆（National Library of Medicine, NLM）的高级主管组成的 RDA 测试协调委员会（U.S. RDA Test Coordinating Committee）设计并且实施了这次 RDA 的国家级测试。除上述 3 家国家级图书馆外，还有 23 家美国图书馆界及其他相关机构或团体成为了测试参与方，机构类型涉及公共图书馆、高校图书馆、政府图书馆、专业图书馆、档案馆、博物馆、书商以及系统开发商等，协调委员会考虑通过在图书馆和信息环境中测试 RDA 以及评估 RDA 是否能满足所规划的目标、用户对 RDA 的反馈信息、RDA 对图书馆系统的影响、新规则在技术上的影响、RDA 的可操作性和使用 RDA 的经济效益性等。

RDA 的网络版发布前（2010 年 1 月～6 月间）美国已经进行了测试准备，包括对测试者进行培训，让主要来自美国重点书目获取社区、各级图书馆与图书馆联盟、书商及相关图书馆教育工作者熟悉 RDA。RDA 测试协调委员会于 2010 年 7 月美国图书馆协会年会期间召开过两次会议，为后续正式测试作动员与宣传。此后的 RDA 测试共分为三个阶段进行：第一阶段是 2010 年 7~9 月，主要是熟悉新文本和联机工具的使用；第二阶段是 2010 年 10~12 月，测试包括评估 RDA 所陈述的目标、创建记录、数据使用、培训和文档的需求、使用 RDA 工具包、RDA 的内容、系统元数据及技术可行性、本地操作、成本和收益等各个方面；第三阶段是 2011 年 1~3 月，RDA 测试协调委员会对测试结果和回馈意见进行分析并向国家图书馆提供报告，协调委员会高级管理人员讨论并决定后，美国 3 家国家级图书馆则依据测试结果决定今后是否正式采用 RDA，并对外发布相关信息[①]。而英国图书馆、加拿大图书档案馆和澳大利亚国家图书馆也密切关注着 RDA 的测试结果，为此后 RDA 能在各国正常投入使用提供依据，确保能平稳过渡。26 家测试合作者（包括美国的 3 家国家级图书馆）一共创建了 10,570 条书目记录和 12,800 条规范记录，并且提交了超过 8,000 份问卷调查[②]。

美国 RDA 测试积累了未曾预期的大量数据，这些数据为测试协调委员会提供了丰富的记录和调查进行分析。2011 年 6 月 13 日，RDA 测试协调委员会发布了"美国 RDA 测试协调委员会测试报告——执行摘要"，总体建议美国国会图书馆、美国国家农业图书馆以及美国国家医学图书馆对 RDA 的实施应不早于 2013 年 1 月。这 3 家国家级图书馆应该进一步投入资源，确保图书馆社区内外投入大量的精力完成报告所涉相关任务。报告面向 5 个利益相关者，分别向国家级图书馆、RDA 开发者联合指导委员会、美国图书馆协会出版社、社区以及厂商提出了意见和建议，其中为对编目社区的建议也非常具体与细致，分四个方面：规

---

① 吴晓静. RDA-资源描述与检索的新标准［J］. 数字图书馆论坛, 2010 (12): p. 1-6.

② RDA 测试报告及其实施声明-Nalsi 的西文编目笔 III. ［EB/OL］. ［2013-09-20］. http://nalsi.net/posts/20110615153348.html.

范、培训、本地系统、专业社区,为 RDA 今后应用与发展提供了明确方向。同时,RDA 测试协调委员会相信,社区对于测试和测试结果的高度关注表明,在图书馆社区中进行基于证据的决策是有价值的①。

RDA 是对 AACR2 的继承与创新,正是由于 AACR2 的种种不适应性,RDA 才应运而生。正如 AACR2 从卡片目录转为在线目录过渡一样,RDA 也面临为期几年的转换与过渡期,从当前格式和系统向下一代格式和系统进行过渡。相比 AACR,RDA 将以更为及时和交互的方式进行更新。联合指导委员会期待得到更加基于原则、与 FRBR 和 FRAD 更为符合的改进建议。RDA 是以 AACR2 为基础,建立在 IFLA 提出的《书目记录的功能需求》(FRBR)和《规范数据的功能需求》(FRAD)概念模型以及《国际编目原则声明》(ICP)基础之上的元数据内容新标准。也可看做是一部为数字环境而设计、肩负成为跨时代编目规则和兼容 AACR2 时代产生的海量数据资源重任,能适用于图书馆目录用户和其他信息组织用户进行资源描述与检索的新标准。

---

① 李恺. 美国 RDA 测试协调委员会 RDA 测试报告:执行摘要 [J]. 数字图书馆论坛,2011(7):p. 48 - 52

第 2 章　RDA 设计的理论框架

2.1　RDA 设计的目标和原则

2008 年 10 月 28 日,"RDA 的目标与原则"草案①声明在网上公布。它是由 RDA 的编制机构——联合指导委员会（JSC）为 RDA 的编制和发展制订的一套设计目标和原则。经过用户评估和广泛讨论后,该报告于 2009 年 7 月 1 日正式定稿并在网上发布。这一报告为新的编目标准确立了一个总的指导思想,那就是作为一套编目的准则和指南,RDA 应能最大限度地"为目录用户提供便利"。这一思想同时也是新的国际编目原则的首要目标、最高目标和最高原则。除为目录用户外,"RDA 的目标与原则"还体现出为编目人员、编目机构等带来的诸多便利和好处。从中不难看出,RDA 的编制是为了轻松高效的利用,充分展现了"书目信息共享"、"书目数据是为了用的"、"提高编目效率"等理念或宗旨。对"RDA 的目标与原则"进行剖析和解读,将有助于为我国未来编目工作的开展和编目规则的修订提供原则性指引。

RDA 的目标原则贯彻在 RDA 的整体设计中,联合指导委员会在"Resource Description and Access——Objectives and Princi-

---

① Kiorgaard D. RDA – Resource Description and Access Objectives and Principles. 28 October 2008 [EB/OL]．[2013 – 09 – 18]．http：//www．rda – jsc．org/docs/5rda – objectivesrev2．pdf

ples"[1] 中将目标归纳为 9 个方面：

1）全面性，必须涵盖各种类型的资源和编目或类似工具中所描述的各种内容。

2）一致性，指南和说明应该在表达上保持一致。

3）清晰度，描述清晰，语言平实，明确优先使用概念、术语。

4）合理性，体现合理性、非随意性。

5）通用性，指南和说明必须对资源的范围、本质、特点的新发展和新类型资源的出现有所反应。

6）兼容性，应该与国际通用的原则、模型和标准兼容。

7）适应性，适应不同社区的特定需求。

8）易用和高效。RDA 的指导方针在应用方面非常简单高效。

9）格式，既能适用于传统纸质版也能适用于电子版本。

此外，为更概括地理解 RDA 的目标，JSC 将 RDA 目标总结为以下三大点[2]：

1. RDA 的指南和用法说明将设计为：

（1）为所有类型资源和所有类型的内容和技术描述提供一个一致的、灵活的、可扩展的框架。

（2）与国际上现有的原则、模型、标准保持兼容。

（3）适用于图书馆领域之外，可以被不同的机构按其特定需求进行改编。

2. 通过使用 RDA 的指南和用法说明所产生的描述和检索点将：

（1）使用户查找、识别、选择、获取适合他们信息需求的

---

[1] Danskin A. RDA – Resource Description and Access Objectives and Principles. 1 July 2009 [EB/OL]. [2013-09-18]. http://www.rda-jsc.org/docs/5rda-objectivesrev3.pdf

[2] 徐涌. 资源描述与检索（RDA）的发展概况与应用前景 [J]. 现代情报, 2007（12）：16-18, 22

资源。

(2) 独立于格式、媒体或用于存储和交流数据的系数。

(3) 易于适应于新出现的数据库结构。

3. RDA 将发展为一种资源描述和检索标准,可以:

(1) 优先作为一种网络工具使用(尽管也将出版印刷版本)。

(2) 源于英语惯例和习俗,用通俗简明的英语撰写,这样可以应用于其他语言团体。

(3) 简单易用,既可用于工作需要的工具,也可用于培训目的。

从已有的成果审视业界的观点可以看出,作为资源描述与检索的内容标准,RDA 的目标原则也是 RDA 的特色所在,业界对两者的分析具有异曲同工之处。对 RDA 目标原则的理解和分析包含了以下方面[1][2]:

(1) 以 FRBR 概念模型为理论基础;

(2) 以"国际编目原则声明"为编制原则;

(3) 世界范围内使用;具有独立的格式;

(4) 弹性、灵活性、兼容性强,可与 ISBD 协调一致;

(5) 适用于数字化环境,同时也兼顾非数字化环境的使用;

(6) 简化编目,简单易用,满足用户的便利性需求。

如果用一句话概括,美国国会图书馆政策与标准部主任、RDA 联合指导委员会主席芭芭拉·B·蒂利特女士的总结最为恰当,"JSC 将 RDA 的目标定为:专为数字环境设计的,用于资源描述与检索的新标准"[3]。

---

[1] 朱俊卿. 我国 RDA 研究综述 [J]. 图书情报工作网刊, 2011 (9): 8-12

[2] 段明莲. 信息描述的研究现状与发展趋势. [EB/OL] (2013-09-18). http: //www. libnet. sc. cn/sztsg/keven/pkedu/lib/dml. pdf

[3] 芭芭拉·B·蒂利特. RDA 与中国:编目的国际化 [J]. 中国图书馆学报, 2012, 38 (11): 14-21

2.2 一个编目原则

RDA 以《英美编目条例》(AACR2) 为基础，秉承由 IFLA 组织有关专家制定的国际编目原则 ICP 的精神，贯彻 FRBR、FRAD 和 FRSAD 的用户服务理念。RDA 从 FRBR 和 FRAD 概念模型中借鉴了实体和实体的识别属性——包括"核心"元素、关系和用户任务，从 ICP 中借鉴了基本原则，例如，表达原则——用于转录数据以及用户便利原则，以便用户能够理解描述和附注。下面详细介绍国际编目原则。

该原则申明，即众所周知的"巴黎原则"是在 1961 年的国际编目原则会议上通过的[①]。其目的——作为编目国际标准化的基础——无疑已经实现：从那时以后世界各国制定的编目规则大多严格遵循或至少在很大程度上遵循了巴黎原则的要求。

四十多年过去了，随着编目员及其用户在世界各地使用联机公共目录系统 (Online Public Access Catalogue，OPAC)，建立一套国际通用的编目原则已经变得更为迫切。21 世纪伊始，IFLA 就致力于制订一项能适用于联机图书馆目录和其他领域的新的原则声明。IFLA 编目组在全世界举办了五次地区性编目规则制定者和编目专家的系列会议，会议的举行时间和地点分别为：2003 年在德国法兰克福（欧洲国家和英美规则制定者）、2004 年在阿根廷布宜诺斯艾利斯（拉丁美洲和加勒比海国家）、2005 年在埃及开罗（中东和北非的阿拉伯语国家）、2006 年在韩国首尔（亚洲规则制定者和亚洲国家）、2007 年在南非比勒陀利亚（撒哈拉沙

---

① Inter International Conference on Cataloguing Principles (Paris：1961). Report. - London：International Federation of Library Associations, 1963, p. 91 - 96. 另刊载于：Library Resources and Technical Services, v. 6 (1962), p. 162 - 167; and Statement of principles adopted at the International Conference on Cataloguing Principles, Paris, October, 1961. - Annotated edition / with commentary and examples by Verona. - London：IFLA Committee on Cataloguing, 1971

漠以南的非洲国家)。

这五次会议"以明确如何在全世界范围内推广用于图书馆目录的书目记录和规范记录的内容标准,从而增强编目信息共享的能力。除了以上基本目的以外,系列会议还明确了这些国家所用的编目规则,比较它们之间的异同,考虑是否可能对一些核心原则达成一致意见,以发展一个国际性的编目规则"[①]。

国际编目原则替代和拓宽了巴黎原则的范围:由只涉及文字内容的作品扩展到包括各种文献类型,由只涉及款目的选择和形式扩展到包括图书馆目录所使用的书目数据和规范数据的各个方面。它不仅包括原则和目标(即目录的功能),而且也包括应当收入各国编目规则的指导性规定以及有关查找和检索功能的指南。国际编目原则包括7个部分:

(1) 范围

(2) 总原则

(3) 实体、属性和关系

(4) 目录的目标和功能

(5) 书目著录

(6) 检索点

(7) 查找功能的基础

国际编目原则以国际上主要的编目传统为基础,同时兼顾 IFLA 提出的 FRBR 概念模型(本章第三节将围绕 FRBR 展开详细介绍)。这里主要介绍其总原则。

国际编目原则的最高原则是用户的便利,并用若干原则指导编目规则的制订工作,因此国际编目原则中规定的基本原则,用户是第一位的,在提供书目描述和检索点时也应时刻牢记这一点。国际编目原则的总原则(General Principles)包括9大原则:

---

① 书蠹精. 国际图联《国际编目原则声明》全球评估 [EB/OL]. (2008 – 04 – 20) [2013 – 9 – 18] http://blog.sina.com.cn/s/blog_ 495d626401009dd8.html.

（1）用户的便利性。在对著录以及用以检索的名称的受控形式作出抉择时应该考虑到用户。

（2）通用性。在著录与检索中使用的词汇应与大多数用户所用的词汇相一致。

（3）表达性。著录以及名称的受控形式应按实体描述其本身的方式来确定。

（4）准确性。应如实描述被著录的实体。

（5）充分性与必备性。只应包含那些在著录以及用以检索的名称的受控形式中对完成用户任务所必需的，以及对唯一识别某一实体所必不可缺的数据单元。

（6）有意义。数据单元应具有目录学意义。

（7）经济性。当达到某一目标存在多种途径时，应选择整体经济性最佳的途径（即费用最少或方法最简单）。

（8）一致性与标准化。应尽可能实现著录与确立检索点工作的标准化。这样能够取得更大的一致性，从而提高共享书目数据与规范数据的能力。

（9）集成化。各类文献的著录以及各类实体名称的受控形式应在适用范围内基于一套共同的规则。

编目规则中的规定应具备可论证性而非随意性。人们认识到，有时这些原则在特殊情况下可能会互相矛盾，应当采取可论证的、实用的解决方法。RDA 是建立在如图 2.1 所示的新原则之上。

2.3 三个概念模型

RDA 是一个针对用户和用户任务所设计的资源发现标准，其目的是记录满足用户需求的数据。RDA 0.0 开宗明义地指出其目的和范围：提供一套组织数据、支持资源发现的规则。RDA 的建立是基于 IFLA 发展的两个概念模型——《书目记录的功能需求》

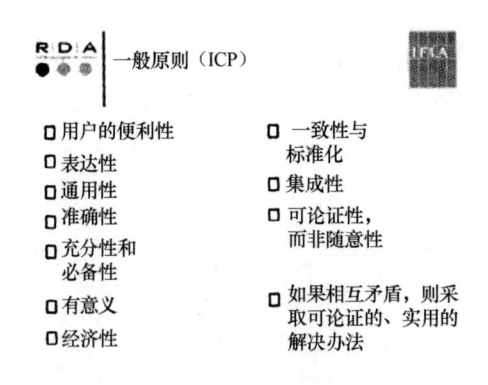

```
RDA             一般原则（ICP）        IFLA

□ 用户的便利性        □ 一致性与
□ 表达性               标准化
□ 通用性            □ 集成性
□ 准确性            □ 可论证性，
□ 充分性和             而非随意性
   必备性
□ 有意义           □ 如果相互矛盾，则采
□ 经济性              取可论证的、实用的
                      解决办法
```

图 2.1　RDA 原则

（FRBR）和《规范数据的功能需求》（FRAD）。FRBR 和 FRAD 定义了在资源发现与展示过程中满足用户对不同类型的书目和规范数据的需求，它们提供了一个理论和逻辑的关联基础，在此基础上可为用户构建一个改进资源发现与检索的实践操作。RDA 中的每个说明都与用户和用户任务相关，这些用户任务均源自 FRBR 和 FRAD 模型，RDA 的任务是展现 FRBR 和 FRAD 理论的框架。

2.3.1　书目记录的功能需求（FRBR）

1998 年，IFLA 面对新的信息资源环境和不断发展的用户需求，发表了研究报告——《书目记录的功能需求》，"该报告通过对实体、属性、关系的研究，揭示了书目记录的功能需求，为探讨书目记录的结构和关系提供了一种新的理念"[1]，这种新的理念全面反映在规则结构以及内容结构的组织中。RDA 通过一个记录载体，载体格式支持多种多样的书目控制实践和资源类型，以便使书目信息可以通过与数据库以外的服务互动而被利用。FRBR 模型正是这样被开发的一个弹性设计、可扩展的元数据载体。

---

[1]　吴丽杰. FRBR 理念及其对 RDA 的影响［J］. 图书馆学刊，2007，2：130-131.

1. FRBR 的核心内容

FRBR 借鉴开发关系型数据库常用的"实体—关系"模型（E-R 模型），从探讨编目的实体及其属性与关系来揭示书目记录的功能需求，来改变传统书目记录的扁平化结构，建立各书目记录之间、书目记录中各著录对象之间的关系，为探讨书目记录的结构和关系提供了一个新视点。

（1）实体：FRBR 将实体分为三组：第一组实体是通过智力或艺术创作的产品；第二组实体是对智力或艺术内容的生产、传播或保管负有责任的个人和团体；第三组实体是智力或艺术创作的主题，包括概念、实物、事件和地点。

其中第一组实体包括四个不同层面的实体：

\# 作品（Work），指知识或艺术创作的内容，这是一个抽象的实体，必须通过诸如文字、图像、乐曲等一定的表现方式才能被人感知；

\# 内容表达（Expression），指知识或艺术创作的内容得以实现的方式，以字母数字、音乐或舞蹈标记、声音、图像、实物、移动等形式及其组合来表达；

\# 载体表现（Manifestation），体现知识或艺术创作的内容的物质形式，如手稿、图书、期刊、录音制品、影片等，它是具有同一物理特征与同一内容的所有物理实体的集合；

\# 单件（Item），指知识或艺术内容的表达形式的某一物理实体，有时也包括内容相关的几个物理实体，如某一图书馆收藏的某一本书或某一套多卷书。

（2）属性：FRBR 模型为每个实体定义了与之相关的一套属性。实体属性的作用是作为检索的途径，用户在查找某个特定实体的信息时可通过这个属性来组织检索并分析获得的反馈信息。模型中定义的属性通常分为两大类别：一类是实体内在的、固有的属性，例如图书页码尺寸、题名、出版者名称等物理特征或识别特征；另一类是外部分配给实体的符号代码或其他识别信息，例如分类号、主题、馆藏信息等。

（3）关系：在 FRBR 模型中，实体—关系模式比较复杂，三组实体的关系分别为书目实体关系、个人和团体关系、主题关系等，如图 2.4 所示①。以书目实体关系为例，一个作品可以有一个或多个内容表达，一个内容表达可以有一个或多个载体表现，一个载体表现可以有一个或多个单件，形成一个由上到下的书目关系，在目录中，这种上下层次关系通过不同实体的属性反映并予以联系。再以个人和团体关系为例，个人或团体与第一组实体中的作品、内容表达、载体表现和单件分别建立创建、实现、生产或拥有的关系，比如一个创建者总是与他所创建的作品连接在一起。最后是主题关系，特定主题可以保证将所有相关主题内容的作品连接在一起。

图 2.2 通过莎士比亚的作品"Twelfth night"及其译本展示实体的基本关系；图 2.3 通过莎士比亚作品"Twelfth night"及其译著展示不同责任者与实体的基本关系；图 2.4 展示实体与主题之间的关系。

2. FRBR 的用户任务

FRBR 模型在对实体、属性和关系研究的基础上，总结了用户的四个基本任务：查找实体、识别实体、选择实体、获取实体。随着对目录功能研究的不断深入，用户任务也不再局限于四个基本任务，FRBR 中提出了第五个用户任务，即在数据库中能够"导航"，也就是说，用户在目录、书目或数据库里通过各种关系和属性查找资源，帮助用户从一个实体"关联"到另一个实体。

相应地，在 FRBR 概念模型下书目数据能够实现 5 项功能，分别是：

---

① 胡小菁. 为 RDA 做准备—从基础到实务. [EB/OL]（2014-01-18）. http://dspace.xmu.edu.cn:8080/dspace/handle/2288/14639

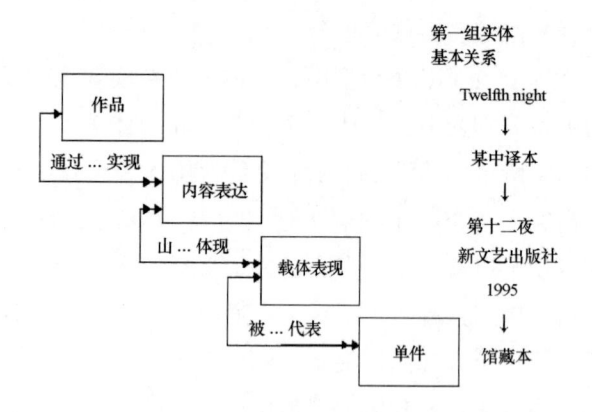

图 2.2　第一组实体的基本关系

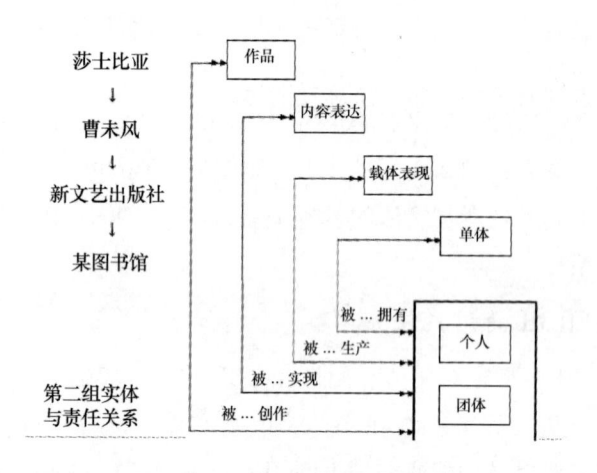

图 2.3　第二组实体与责任关系

（1）查找（locate）与用户所陈述的检索策略相对应的单个资源；或成套资源，如同一作品、同一内容表达、同一载体表现的全部资源，特定个人、家族或团体的全部作品和内容表达，特定主题的全部资源，由其他检索条件（如：语言、出版国、出版日期、内容类型、载体类型等）进一步限定检索结果后所检索到的全部资源。简而言之，书目功能将实现响应用户搜索任务而检索到有关的作品、内容表达、载体表现和单件；响应用户检索策

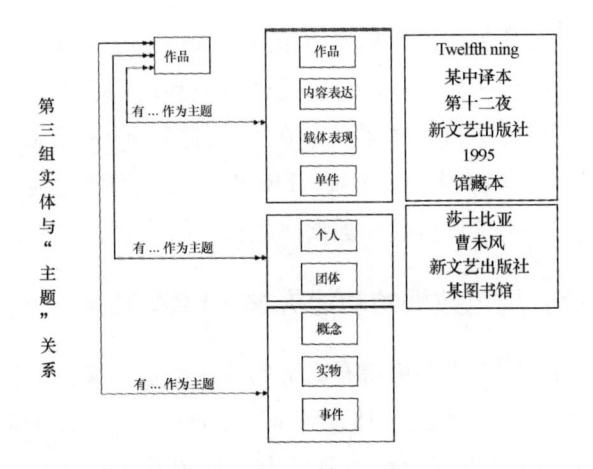

第 2 章 RDA 设计的理论框架   29

图 2.4 第三组实体与主题关系

略而检索到有关的个人、家族和团体。

（2）识别（identify）代表个人、家族或团体的书目数据。即确认记录所描述的实体对应于所查找的实体，或者区分具有相似特征的两个或多个实体。

（3）选择（select）一个适合用户需求的书目资源。即选取一个在媒介、内容、载体等包括载体的物理特性以及存储在载体中的格式与代码、语言等方面能满足用户要求的资源，或放弃一个不适合用户需求的资源。

（4）获取（acquire）或存取（obtain access）所著录的文献。即提供信息，使用户能够通过购买、借阅等方式获取该资源，或通过电子传递方式获得电子版，或者获取该资源的规范记录或书目记录。

（5）理解（understand）两个或多个实体之间的关系。包括理解所描述的实体和所知道的实体的名称之间的关系（如：名称的不同语言形式），理解为何一个特定的名称或题名，或者名称或题名的形式，作为了该实体的首选名称或题名而被选定。

FRBR 模型是纯粹的基于网络的协议和方案，是一个可使图书馆书目数据从封闭的数据库模型到开放的基于网络的模型，使书目记录可被程序所寻址，可容易被集成到网络服务和计算机应用上，还可以使书目"关系"存在于多种多样的网络资源中，与馆外的书目数据的创造相协调。FRBR 概念模型更适应开放的数据库技术，有利于机构提高数据抓取和存储检索的效率[1]。

2.3.2 规范数据的功能需求（FRAD）

尽管在 FRBR 模型中所有三组实体已经被定义，但是主要的焦点还是放在了第 1 组实体上即 work、expression、manifestation、item。FRBR 的开发者设想将其扩大能够覆盖附加数据，即通常被称作规范记录的数据。规范记录的编号和功能需求（Functional Requirements and Numbering of Authority Records，FRANAR）应运而生。FRANAR 工作组建立于 1999 年 4 月，其任务是对 FRBR 中的规范文件区域进行深入分析，着重对第 2 组的实体和作品进行着力研究，最终于 2008 年发布了 FRAD 概念模型。该模型的设计目的是：（1）提供一个明确定义的、结构化的参考框架，这个框架将规范记录创建者制作的数据与用户需求相关联；（2）协助评估图书馆内外规范数据国际共享和使用的潜在可能性[2]。

FRAD 概念模型实际上是 FRBR 模型的延伸和扩展，其对书目数据的规范控制和国际共享起着支撑性的作用。规范控制意味着受控检索点的实体识别和及时管理，是目录功能不可或缺的部分。规范控制就是利用规范数据来组织作品的受控检索点和其他信息，并让终端用户受益，使他们用作者名称或题名的任何受控

---

[1] Library of Congress Working Group on the Future of Bibliographic Control. Report on the future of bibliographic control：Draft for public comment ［EB/OL］. 2013 – 09 – 05. http：//www. loc. gov/bibliographic – future/news/lcwg – report – draft – 11 – 30 – 07 – final. pdf.

[2] IFLA Working Group on Functional Requirements and Numbering of Authority Records（FRANAR）. Functional Requirements for Authority Data A Conceptual Model ［R］. IFLA，2008.

形式，都能从目录中检索到书目资源。FRAD 的用户任务总结起来，同样可以归纳为 4 个方面：

（1）查找：查找一个与检索值一致的实体或实体集（例如，按照检索词，即：一个实体的属性、属性组合或实体关系查找单独一个或一组实体）；或采用这些属性和关系将检索扩展到全球的书目实体。

（2）识别：识别一个实体（例如，确认该实体与被检索的实体是一致的，区别两个或更多的具有相似特征的实体）或确定名称作为受控检索点的形式。

（3）置于上下文中研究：在一个上下文环境中澄清某个个人、团体、作品等与其他两个或更多的个人、团体或作品的关系，以及个人或团体所采用或为人所熟知的名称（例如，宗教或世俗的名称）。

（4）证明：将规范数据创建者选择名称或名称形式作为受控检索点的理由记录下来。

简洁地说，FRAD 模型就是提供一个明确定义的、结构化的参考框架，这个框架将规范记录创建者制作的数据与用户需求相关联，同时协助评估图书馆内外规范数据国际共享和使用的潜在可能性。FRBR/FRAD 这一弹性的框架，使 RDA 能够充分适应网络环境下资源描述与检索的需要，不但方便数字资源的内容描述，还符合图书馆组织传统资源的需要，可以帮助用户轻松高效地获取自己想要的信息资源。因此，FRBR/FRAD 框架是 RDA 编目标准的实现基础，而 RDA 的任务是展现 FRBR 和 FRAD 理论的框架。

2.3.3 主题规范的功能需求（FRSAD）

尽管 FRANAR 工作组在他们的模型中已经包括某些方面的主题数据，但还没有对相关的主题规范的实体属性关系进行全面分析。因此，IFLA 在 2005 年成立了主题规范记录的功能需求工作组 FRSAD,处理主题规范数据的问题,并且调查主题规范数据被广大用户的直接和间接应用。2010 年 FRSAR 发布了 FRSAD 概念模型。

FRAD(由 FRANAR 工作组负责)和 FRSAD(由 FRSAR 工作组负责)两个模型都是基于 FRBR 的原始模型而独立地在其某些方面做深入发展而形成的。这三个模型一起被称为 FRBR 家族。而 FRSAR 工作组引进了两个实体:Thema(希玛,即主题),用于一件作品的主题的任何实体;Nomen(诺门,即主题表述),任何一个已知、被引用、被标记的主题的符号或符号序列(字母数字符号、符号、声音等)。

1. FRSAD 与 FRAD 的区别[①]:

(1)用户任务:FRAD 中是语义化和公正,FRSAD 中是探索;

(2)FRAD 中是 name,FRSAD 中是 nomen;

(3)FRAD 中名字、标识和受控检索点是独立的实体,FRSAD 中是作为 nomen 的类型的值;

(4)FRAD 中规则和代理是新的实体,但在 FRSAD 中并没有被显式模型化。

2. FRBR 和 FRSAD 的区别在于:

(1)增加了探索的任务;

(2)thema 被作为一个所有实体的超类引进,它可以作为一部作品的主题;

(3)第 3 组实体都没有被显式地预定义。

(4)nomen(包括属性和关系)作为一个单独的代替属性的实体被引进。

---

① 刘莎,司莉. 主题规范数据的功能需求——FRSAD 进展及其影响[J]. 图书馆杂志,2012,31(3):19-24

3. FRSAD 的模型构成

FRSAD 模型在第 3 组中定义了 4 个实体：概念、实物、事件、地点。FRSAD 将一个事物本身和它的名称称谓区别开来，引进了 Thema（事物本身）和 Nomen（事物名称）实体。因此，FRSAD 中 Nomen 作为一个实体被引进，而不是一个属性，使得可以进行合适的模型化。主题规范数据的功能需求（FRSAD）模型可以用图 2.5 表示。

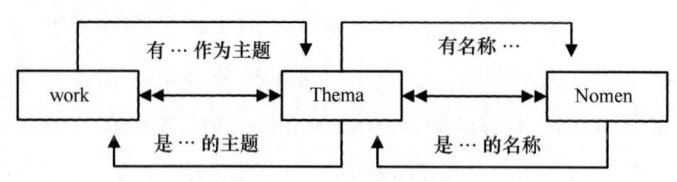

```
                有…作为主题              有名称…
    ┌──────┐  ─────────────→  ┌──────┐  ─────────────→  ┌──────┐
    │ work │                  │Thema │                  │Nomen │
    └──────┘  ←─────────────  └──────┘  ←─────────────  └──────┘
                是…的主题                是…的名称
```

图 2.5 FRSAD 概念模型

FRSAD 对主题规范控制将产生重要影响，有助于规范数据实现全球共享。主题规范的一项重要任务是建立主题词之间以及同其他系统的标引词之间的联系，既保证在一个系统内部主题标引的规范和统一，同时也方便用户从不同的入口词查找资源。在规范数据的全球共享和利用努力中，由于不同的系统可能使用了不同的主题规范，它们之间的共享通常是通过词表之间或词表与分类法之间的语义映射实现。

正是由于 FRSAD "作品 – Thema – Nomen" 概念模型的提出，在各个系统的 Nomen 之上添加了一个 Thema 层。它将主题同主题所知的、所指的和所称谓的东西分离开。不管各个系统中使用何种形式、语种的 Nomen，如果其所指的 Thema 是相同的，就能方便地实现主题规范数据的全球共享和利用。Thema – Nomen 模型可以在更为抽象的层面上理解作品的主题和主题指代名称，超越语种、文化、国籍、地域的限制，为未来书目世界的统一规范控制提供了一种可资利用的框架。

第 3 章　RDA 的内容结构

在结构上，RDA[①]颠覆了《国际标准书目著录》（ISBD）和《英美编目条例》（AACR2）以文献类型为纲、以八大著录项为序，构建著录框架的做法，整个标准不区分著录（描述）和检索点，完全建立在《书目记录功能需求》（FRBR）和《规范数据功能需求》（FRAD）的实体及其属性、关系的基础上。FRBR 第一组实体在 RDA 中称为"资源"，包括作品、内容表达、载体表现和单件；第二组实体可视为"责任"，包括个人、家族和团体；第三组实体为"主题"，包括概念、实物、事件和地点。

除第 0 章导论外，RDA 共十个部分（section）三十七章，分别对应 FRBR/FRAD 三组实体的属性、三组实体与第一组实体的关系以及同一组实体相互间关系。第 0 章导论包括 RDA 的目的与范围、主要特征、与其他标准的关系、概念模型、目标与原则、结构、核心元素、检索点、交替与可选规则、例外、样例、国际化以及数据编码。每个部分的第一章为本部分的一般性规则（总则），通常包括范围、术语、功能目标与原则、核心元素以及其他通用规则；其后各章为具体规定，通常包括目的与范围、总则以及针对实体属性或关系的具体规则。由于基于 FRBR 实体，RDA 加入了传统编目规则之外、原属于主题标引范畴的 FRBR 第三组实体。不过截至 2013 年中，RDA 已经做过两次年度更新，但主题相关内容仍只是预留各章名称，内容有待今后完成。

[①] Joint Steering Committee for development of RDA. RDA: Resource Description & Access [M/OL]. 2013-July-update. [EB/OL]. [2013-8-1] http://access.rdatoolkit.org/

在框架结构的巨大变化之外，RDA 不同于先前编目规则（如 AACR2）的另一个鲜明特点，是对目的、功能目标和原则等的强调。RDA 的功能目标对应 FRBR/FRAD 的用户任务、RDA 的原则对应《国际编目规则声明》(ICP) 的总原则。除了在每部分第一章单独列"功能目标与原则"外，很多具体条款都有助于完成特定用户任务时采用的提示。此举意在强化规则使用者（如编目员）的自主意识，要求在提供描述与检索元素时，从用户特定需求的角度作出判断。

作为内容标准，RDA 的应用不限于图书馆或 MARC 格式，可以用于档案馆、博物馆及其他文化遗产机构等的不同元数据格式。RDA 没有"记录"概念，因而其元素也不限定用于 MARC 格式的书目记录、馆藏记录还是规范记录，实际上有些元素可用于多种记录类型。对于习惯使用传统编目规则的编目员来说，使用 RDA 需要以完全不同的角度，审视并从不同部分及其章节找到相应元素的规则。为此联机版 RDA Toolkit 除 RDA 本身外，还提供多种辅助功能，采用 RDA 的机构（RDA 称之为"数据创建机构"）更可以对 RDA 内容进行各种在线定制，方便利用 RDA。

3.1 第 1~4 部分——实体属性

实体属性是资源描述及检索的基础，RDA 第 1~4 部分包括 FRBR/FRAD 所有三组实体的属性。

为便于具有图书馆编目基础者理解各实体的属性和关系在资源描述与检索中的作用，本章各节开始会对本节内容所对应的 MARC 记录类型作一概括说明。图书馆领域之外或者非 MARC 采用时可以跳过"从图书馆编目角度理解"的段落。

从图书馆编目角度理解，各组实体的属性可对应到一个或多个记录类型：①载体表现可对应手头文献，通常为书目记录的描述对象；②单件即一件或一套馆藏，通常为馆藏记录的描述对象，但书目记录中也可能包含特定单件的部分属性；③作品和内容表达通常为题名或名称—题名规范记录的描述对象，但书目记录在检索点及描述其所含内容时也包含作品或内容表达的部分属性；④个人、家族和团体通常为名称或名称—题名规范记录的描述对象，但书目记录的名称检索点也包含该组实体的部分属性；⑤概念、实物、事件和地点通常为主题规范记录的描述对象，但书目记录的主题检索点也包含该组实体的部分属性；⑥地名虽属于第三组实体，但其部分属性同时也可能作为名称或题名的组成部分。

3.1.1 载体表现和单件（第1~4章）

本节针对 RDA 第1部分记录载体表现与单件的属性，包括识别载体表现与单件的元素、描述载体的元素以及提供获取与检索信息的元素三部分。第1章为三部分的总则。

1. 识别载体表现与单件的元素

RDA 第2章识别载体表现和单件的元素，针对资源生产者用来识别其产品的信息。有18个元素及众多子元素，其中16个核心元素（含子元素），8个特定条件下的核心元素。核心元素指描述实体及关系时所要求的基本元素，通常不可省略。表3.1列出 RDA 所有识别载体表现和单件的元素，对核心元素予以特别标示与说明。

表 3.1 识别载体表现和单件的元素

RDA 条款号	RDA 元素	RDA 子元素	说明
2.3	题名		
		正题名	核心元素
		并列正题名	
		其他题名信息	
		并列其他题名信息	

续表

RDA 条款号	RDA 元素	RDA 子元素	说明
		变异题名	
		先前正题名	
		后续正题名	
		识别题名	
		缩略题名	
2.4	责任说明		
		与正题名相关的责任说明	核心元素（如有多个，仅需首个）
		与正题名相关的并列责任说明	
2.5	版本说明		
		版本标识	核心元素
		并列版本标识	
		与版本相关的责任说明	
		与版本相关的并列责任说明	
		版本修订标识	核心元素
		并列版本修订标识	
		版本修订相关责任说明	
		版本修订相关并列责任说明	
2.6	连续出版物编号		
		序列首期或部分的数字/字母标识	核心元素（对首个或唯一序列）
		序列首期或部分的时序标识	核心元素（对首个或唯一序列）
		序列末期或部分的数字/字母标识	核心元素（对最后或唯一序列）

续表

RDA 条款号	RDA 元素	RDA 子元素	说明
		序列末期或部分的时序标识	核心元素（对最后或唯一序列）
		序列首期或部分的交替数字/字母标识	
		序列首期或部分的交替时序标识	
		序列末期或部分的交替数字/字母标识	
		序列末期或部分的交替时序标识	
2.7	制作说明		（非出版资源）
		制作地	
		并列制作地	
		制作者名称	
		并列制作者名称	
		制作日期	核心元素（对非出版资源）
2.8	出版说明		（出版资源）
		出版地	核心元素（如有多个，仅需首个）
		并列出版地	
		出版者名称	核心元素（如有多个，仅需首个）
		并列出版者名称	
		出版日期	核心元素
2.9	发行说明		（出版资源）
		发行地	核心元素（出版地不详时；如有多个，仅需首个）
		并列发行地	

第 3 章　RDA 的内容结构　　39

续表

RDA 条款号	RDA 元素	RDA 子元素	说明
		发行者名称	核心元素（出版者不详时；如有多个，仅需首个）
		并列发行者名称	
		发行日期	核心元素（出版日期不详时）
2.10	生产说明		（出版资源）
		生产地	核心元素（出版地与发行地均不详时；如有多个，仅需首个）
		并列生产地	
		生产者名称	核心元素（出版者与发行者均不详时；如有多个，仅需首个）
		并列生产者名称	
		生产日期	核心元素（出版日期、发行日期与版权日期均不详时）
2.11	版权日期		核心元素（出版日期和发行日期均不详时）
2.12	丛编说明		
		丛编正题名	核心元素
		丛编并列正题名	
		丛编其他题名信息	
		丛编并列其他题名信息	
		丛编相关责任说明	
		丛编相关并列责任说明	
		丛编 ISSN	
		丛编编号	核心元素
		子丛编正题名	核心元素

续表

RDA 条款号	RDA 元素	RDA 子元素	说明
		子丛编并列正题名	
		子丛编其他题名信息	
		子丛编并列其他题名信息	
		子丛编相关责任说明	
		子丛编相关并列责任说明	
		子丛编 ISSN	
		子丛编编号	核心元素
2.13	发行模式		
2.14	频率		
2.15	载体表现标识符		核心元素（如有多个，尽可能优先采用国际认可标识符）
		乐谱出版者编号	
		乐谱版号	
2.16	首选引用格式		
2.17	单件保管历史		
2.18	单件直接获取来源		
2.19	单件标识符		
2.20	载体表现或单件附注		
		题名附注	
		责任说明附注	
		版本说明附注	
		连续出版物编号附注	
		制作说明附注	
		出版说明附注	
		发行说明附注	
		生产说明附注	
		版本日期附注	

续表

RDA 条款号	RDA 元素	RDA 子元素	说明
		丛编说明附注	
		频率附注	
		作为资源识别基础的期、部分或整体的附注	

2. 描述载体的元素

RDA 第3章描述载体的元素，针对描述载体的物理特征、载体中包含或存储的格式或编码的信息。有21个元素及众多子元素，针对不同类型资源，其中仅载体类型和数量为核心元素。表3.2列出 RDA 所有描述载体的元素，对核心元素予以特别标示与说明。

表 3.2 描述载体的元素

RDA 条款号	RDA 元素	RDA 子元素	说明
3.2	媒介类型		
3.3	载体类型		核心元素
3.4	数量		核心元素（仅当资源完整，或总量已知）
		地图资源的数量	
		乐谱的数量	
		静态图像的数量	
		文本的数量	
		三维形式的数量	
3.5	尺寸		
		地图的尺寸	
		静态图像的尺寸	
3.6	基底材料		
		缩微胶卷、缩微平片、照相胶卷与电影胶卷的基底材料	

续表

RDA 条款号	RDA 元素	RDA 子元素	说明
3.7	应用材料		
		缩微胶卷和缩微平片的感光乳剂	
3.8	衬底		
3.9	制作方法		
		手稿的制作方法	
		触觉资源的制作方法	
3.10	代		
		录音资料的代	
		数字资源的代	
		缩微品的代	
		电影胶片的代	
		录像带的代	
3.11	版面设计		
3.12	图书开本		
3.13	字体大小		
3.14	极性		
3.15	缩率		
3.16	声音特征		
		录音类型	
		录音介质	
		播放速度	
		纹槽特征	
		音轨配置	
		录音带配置	
		播放声道配置	
		特殊播放特征	
3.17	电影放映特征		
		呈现格式	
		放映速度	

续表

RDA 条款号	RDA 元素	RDA 子元素	说明
3.18	视频特征		
		视频格式	
		广播标准	
3.19	数字文件特征		
		文件类型	
		编码格式	
		文件大小	
		分辨率	
		地区编码	
		编码比特率	
		地图内容的数字化呈现	
3.20	设备或系统要求		
3.21	特定单件的载体特征		
		早期印刷资源的特定单件载体特征	
3.22	载体表现或单件附注		
		载体表现数量附注	
		单件数量附注	
		载体表现尺寸附注	
		单件尺寸附注	
		载体特征变化附注	

3. 提供获取与检索信息的元素

RDA 第 4 章提供获取与检索信息的元素。有 5 个元素，其中没有核心元素。表 3.3 列出 RDA 所有提供获取与检索信息的元素。

表 3.3　RDA 提供获取与检索信息的元素

RDA 条款号	RDA 元素
4.2	获得方式
4.3	联系信息
4.4	获取限制
4.5	使用限制
4.6	统一资源定位

3.1.2　作品和内容表达（第 5~7 章）

本节针对 RDA 第 2 部分记录作品和内容表达的属性，包括识别作品和内容表达的元素和描述内容的元素两部分。第 5 章为两部分的总则。

1. 识别作品和内容表达的元素

RDA 第 6 章识别作品和内容表达的元素，针对选择作品首选题名、记录作品或内容表达的其他识别属性、构建规范检索点等。有作品元素 7 个、子元素 2 个，其中核心元素（含子元素）2 个、需要区别时的核心元素 4 个；内容表达元素 5 个，其中核心元素 3 个、需要区别时的核心元素 3 个；其他为针对特定类型作品的元素，包括：音乐作品元素 5 个、法律作品元素 4 个、宗教作品元素 3 个、官方文告元素 1 个，各有核心元素和需要区别时的核心元素若干。需要区别时的核心元素用于构建规范检索点。表 3.4 列出 RDA 所有识别作品和内容表达的元素，对核心元素予以特别标示与说明。

表 3.4　RDA 识别作品和内容表达的元素

RDA 条款号	RDA 元素	RDA 子元素	说明
6.2	作品的题名		

第 3 章　RDA 的内容结构　　45

续表

RDA 条款号	RDA 元素	RDA 子元素	说明
		作品首选题名	核心元素
		作品变异题名	
6.3	作品的形式		需要区别时的核心元素
6.4	作品的日期		识别条约的核心元素 需要区别时的核心元素
6.5	作品的原始地点		需要区别时的核心元素
6.6	作品的其他区别性特征		需要区别时的核心元素
6.7	作品的历史		
6.8	作品标识符		核心元素
6.9	内容类型		核心元素
6.10	内容表达的日期		需要区别时的核心元素
6.11	内容表达的语言		核心元素
6.12	内容表达的其他区别性特征		需要区别时的核心元素
6.13	内容表达标识符		核心元素
6.14	音乐作品的题名		
		音乐作品首选题名	核心元素
		音乐作品变异题名	
6.15	表演媒介		需要区别时的核心元素
6.16	音乐作品的数字标识		需要区别时的核心元素
6.17	调		需要区别时的核心元素
6.18	音乐作品的内容表达的其他区别性特征		需要区别时的核心元素
6.19	法律作品的题名		
		法律作品首选题名	核心元素

续表

RDA 条款号	RDA 元素	RDA 子元素	说明
		法律作品变异题名	
6.20	法律作品的日期		识别条约的核心元素需要区别时的核心元素
6.21	法律作品的其他区别性特征		需要区别时的核心元素
6.22	条约等的签署国		需要区别时的核心元素
6.23	宗教作品的题名		
		宗教作品首选题名	核心元素
		宗教作品变异题名	
6.24	宗教作品的内容表达的日期		需要区别时的核心元素
6.25	宗教作品的内容表达的其他区别性特征		需要区别时的核心元素
6.26	官方文告的题名		
		官方文告作品首选题名	核心元素
		官方文告作品变异题名	

本章除通常的元素说明外，另一部分是构建代表作品和内容表达的规范检索点。代表作品的规范检索点因作品责任方式不同而异，基本规则是：作品首选题名，前置对作品创作负责的个人、家族或团体规范检索点。

2. 描述内容的元素

RDA 第 7 章描述内容的元素，针对与资源的知识或艺术内容

第 3 章　RDA 的内容结构

有关的属性。有 28 个元素，其中仅地图的比例尺为核心元素。表 3.5 列出 RDA 所有描述内容的元素，特定的描述内容元素对应不同的内容类型。

表 3.5　RDA 描述内容的元素

RDA 条款号	RDA 元素	RDA 子元素	说明
7.2	内容的性质		
7.3	内容的范围		
7.4	地图内容的坐标		
		经度和纬度	
		坐标	
		赤经和赤纬	
7.5	二分点		
7.6	历元		
7.7	使用对象		
7.8	组织体系		档案用
7.9	学位论文信息		
		学位级别	
		授予机构	
		授予年份	
7.10	内容摘要		
7.11	摄录地点与日期		
		摄录地点	
		摄录日期	
7.12	内容的语言		
7.13	标记形式		
		文字	
		乐谱形式	
		触觉符号形式	
		舞谱	
7.14	可访问性内容		无障碍内容

续表

RDA 条款号	RDA 元素	RDA 子元素	说明
7.15	插图内容		
7.16	补充内容		
7.17	色彩内容		
		静态图像的色彩	
		动态图像的色彩	
		三维形式的色彩	
		为视障者设计资源的色彩内容	
7.18	声音内容		
7.19	屏幕高宽比		
7.20	乐谱格式		
7.21	音乐内容的表演媒介		
7.22	持续时间		
7.23	演出者、叙述者、演播者		
7.24	演职员表		
7.25	比例尺		
		静态图像或三维形式的比例尺	
		地图内容的水平比例尺	核心元素
		地图内容的垂直比例尺	核心元素
		附加比例尺信息	
7.26	地图内容的投影		
7.27	地图内容的其他细节		
7.28	奖项		
7.29	内容表达的附注		
		内容特征变化附注	

1.3 个人、家族和团体（第 8～11 章）

本节针对 RDA 第 3 部分记录个人、家族和团体的属性，包括识别这三个实体的元素三个部分。第 8 章为三部分的总则。

1. 识别个人的元素

RDA 第 9 章识别个人的元素,针对选择个人首选名称、记录个人的其他识别属性、构建规范检索点等。有 17 个元素及若干子元素,其中 7 个核心元素、3 个需要区别时的核心元素(有交叉)。表 3.6 列出 RDA 所有识别个人的元素,对核心元素予以特别标示与说明。

表 3.6　RDA 识别个人的元素

RDA 条款号	RDA 元素	RDA 子元素	说明
9.2	个人名称		
		个人首选名称	核心元素
		个人变异名称	
9.3	个人相关日期		
		出生日期	核心元素
		去世日期	核心元素
		个人活动时期	
9.4	个人头衔		核心元素需要区别时的核心元素
9.5	名称完整形式		需要区别时的核心元素
9.6	个人其他标识		核心元素
9.7	性别		
9.8	出生地点		
9.9	去世地点		
9.10	个人相关国家		
9.11	居住地等		
9.12	个人地址		
9.13	所属机构		
9.14	个人的语言		
9.15	个人活动领域		
9.16	专业或职业		核心元素需要区别时的核心元素
9.17	传记信息		
9.18	个人标识符		核心元素

本章除元素说明外,最后部分是构建代表个人的规范检索点,即在个人名称之外附加其他识别个人元素的规则。

2. 识别家族的元素

RDA 第 10 章识别家族的元素,针对选择家族首选名称、记录家族的其他识别属性、构建规范检索点等。有 8 个元素及 2 个子元素,其中 4 个核心元素、2 个需要区别时的核心元素。表 3.7 列出 RDA 所有识别家族的元素,对核心元素予以特别标示与说明。

表 3.7 RDA 识别家族的元素

RDA 条款号	RDA 元素	RDA 子元素	说明
10.2	家族名称		
		家族首选名称	核心元素
		团体变异名称	
10.3	家族类型		核心元素
10.4	家族相关日期		核心元素
10.5	家族相关地点		需要区别时的核心元素
10.6	家族著名成员		需要区别时的核心元素
10.7	世袭头衔		
10.8	家族历史		
10.9	家族标识符		核心元素

本章除元素说明外,最后部分是构建代表家族的规范检索点,即在家族名称之外附加其他识别家族元素的规则。

3. 识别团体的元素

RDA 第 11 章识别团体的元素,针对选择团体首选名称、记录团体的其他识别属性、构建规范检索点等。有 11 个元素及若干子元素,其中 7 个核心元素、5 个需要区别时的核心元素(有交叉)。表 3.8 列出 RDA 所有识别团体的元素,对核心元素予以特别标示与说明。

表 3.8　RDA 识别团体的元素

RDA 条款号	RDA 元素	RDA 子元素	说明
11.2	团体名称		
		团体首选名称	核心元素
		团体变异名称	
11.3	团体相关地点		
		会议地点	核心元素
		总部地点	需要区别时的核心元素
11.4	团体相关日期		
		会议日期	核心元素
		建立日期	需要区别时的核心元素
		终止日期	需要区别时的核心元素
11.5	相关机构		核心元素需要区别时的核心元素
11.6	会议届次		核心元素
11.7	团体其他标识		核心元素需要区别时的核心元素
11.8	团体的语言		
11.9	团体的地址		
11.10	团体活动领域		
11.11	团体的历史		
11.12	团体标识符		核心元素

本章除元素说明外，最后部分是构建代表团体的规范检索点，即在团体名称之外附加其他识别团体元素的规则。

3.1.4　概念、实物、事件和地点（第 12~16 章）

本节针对 RDA 第 4 部分记录概念、实物、事件和地点的属性，包括识别这四个实体的元素四个部分。但除了地点外，总则和其他三个部分（第 12—15 章）仍处于空缺状态。

RDA 中地点依 FRBR 归属于主题范畴，但已完成的地点属性并未涉及地名主题，而是针对各种名称或题名中包含的地点，包括：①政府和非政府社团的名称；②作品题名附加；③同名团体的区别附加；④会议名称附加；⑤与个人、家族或团体相关的地点。部分内容在前面各节中已有提及。

RDA 第 16 章识别地点，针对选择首选地名、记录地点的其他识别属性等。目前仅有 2 个元素，没有核心元素，其中地点标识符部分还没有完成。表 3.9 列出 RDA 识别地点的元素。

表 3.9 RDA 识别地点的元素

RDA 条款号	RDA 元素	RDA 子元素	说明
16.2	地点名称		
		地点首选名称	
		地点变异名称	
16.3	地点标识符		尚未确定

3.2 第 5~7 部分——资源与实体关系

RDA 中的关系对应 FRBR 三组实体间的各种关系，包括两方面：一是资源的固有关系；二是实体之间的相关关系。RDA 第 5~7 部分针对资源的固有关系，包括资源的基本关系、资源与责任关系和资源与主题关系三部分。其中资源与主题关系（第 7 部分第 23 章）目前还没有完成，故而本节只涉及前两种关系。

从图书馆编目角度理解，资源与实体关系既在书目记录中揭示，也在作品或内容表达的题名或名称—题名规范记录中揭示。

3.2.1 资源的基本关系（第 17 章）

本节针对 RDA 第 5 部分记录资源间的基本关系，也就是作品、内容表达、载体表现和单件四个实体间固有的关系，关系如

第 3 章 RDA 的内容结构　　53

图 3.1 所示①。

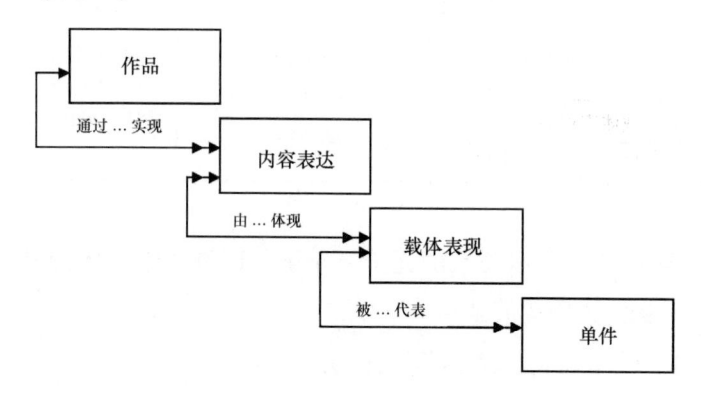

图 3.1　资源的基本关系

RDA 记录基本关系的元素有 8 个，其中 1 个核心元素，1 个特定条件下的核心元素。表 3.10 列出 RDA 所有记录基本关系的元素，对所表示的关系及核心元素予以特别标示与说明。

表 3.10　RDA 记录基本关系的元素

RDA 条款号	RDA 元素	核心元素说明	关系说明
17.5	作品的内容表达		作品和内容表达间双向关系
17.6	被表达的作品		
17.7	作品的载体表现		
17.8	被表现的作品	核心元素（如有多个，仅需首个）	
17.9	内容表达的载体表现		内容表达和载体表现间双向关系
17.10	被表现的内容表达	有多个被表现的作品的内容表达时为核心元素（仅主要或首个）	

---

① 国际图联世界书目控制与国际 MARC 项目；王绍平等译. 书目记录的功能需求最终报告［R/OL］. 2008. http：//www.ifla.org/files/assets/cataloguing/frbr/frbr-zh.pdf.

续表

RDA 条款号	RDA 元素	核心元素说明	关系说明
17.11	载体表现的例证		载体表现和单件间双向关系
17.12	被例证的载体表现		

RDA 记录基本关系的元素基于 FRBR 第一组实体的基本关系，与图 3.1 资源的基本关系对照：

1. 作品和内容表达间双向关系

作品和内容表达间双向关系即：作品通过内容表达实现，内容表达实现作品。对应元素：作品的内容表达，被表达的作品。

2. 内容表达和载体表现间双向关系

内容表达和载体表现间双向关系即：内容表达由载体表现体现，载体表现体现内容表达。对应元素：内容表达的载体表现，被表现的内容表达。

3. 载体表现和单件间双向关系

载体表现和单件间双向关系即：载体表现被单件代表，单件代表载体表现。对应元素：载体表现的例证，被例证的载体表现。

4. 作品和载体表现间双向关系

除了图 3.1 中的双向关系外，目前书目记录通常基于载体表现，可以在不记录内容表达的情况下，直接表现作品和载体表现间双向关系；同样，规范记录在举例时也可以直接提供载体表现。即：载体表现表现作品，作品被载体表现所表现，对应元素：作品的载体表现，被表现的作品。

3.2.2 资源与责任关系（第 18~22 章）

本节针对 RDA 第 6 部分记录资源（第一组实体）与责任

（第二组实体）的关系。关系如图 3.2 所示。

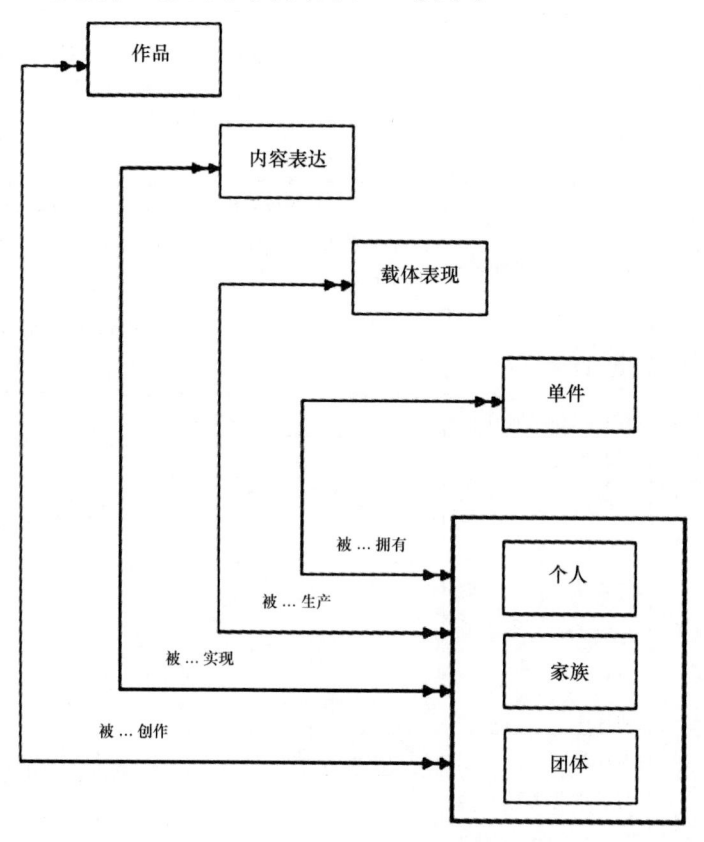

图 3.2　资源与责任关系

第 18 章为本部分总则，第 19~22 章分别是作品、内容表达、载体表现和单件的责任关系。

RDA 记录资源与责任关系的元素共 11 个，其中 1 个核心元素，1 个特定条件下的核心元素。表 3.11 列出 RDA 所有记录资源与责任关系的元素，对所表示的关系及核心元素予以特别标示与说明。

表 3.11 RDA 记录资源与责任关系的元素

RDA 条款号	RDA 元素	核心元素说明	关系说明
19.2	创作者	核心元素（如有多个，仅需首个负主要责任者）	作品和责任关系
19.3	与作品相关的其他个人、家族或团体	核心元素（如果代表该个人、家族或团体的检索点用于构建代表作品的规范检索点）	
20.2	贡献者		内容表达和责任关系
21.2	未出版资源的制作者		载体表现和责任关系
21.3	出版者		
21.4	发行者		
21.5	生产者		
21.6	与载体表现相关的其他个人、家族或团体		
22.2	拥有者		单件和责任关系
22.3	保管者		
22.4	与单件相关的其他个人、家族或团体		

表 11 与图 2 对照可知，RDA 记录资源与责任关系的元素基于 FRBR 第一组实体与第二组实体的关系，并有所扩展。

除表 11 中的元素外，RDA 还采用"关系说明语"进一步明确责任关系，相应的关系说明语类型见 RDA 附录 I（本章 4.4 关系说明语）。

3.3 第 8~10 部分——同组实体间关系

如前所述，RDA 中的关系对应 FRBR 三组实体间的各种关系，包括两方面：一是资源的固有关系；二是实体之间的相关关系。RDA 第 8~10 部分针对实体之间的相关关系，包括第一组实体间关系、第二组实体间关系和第三组实体间关系三部分。其中第三组实体间关系（第 10 部分第 33~37 章）目前还没有完成，故而本节只涉及前两种关系。

与本章 2 节以元素说明资源的固有关系不同，RDA 完全通过"关系说明语"揭示实体间的相关关系，实体本身则以其标识符、规范检索点或结构化、非结构化描述的方式引用。

从图书馆编目角度理解，实体间相关关系主要由规范记录揭示，也部分体现在书目记录的附加检索点中：①第一组实体间的相关关系，可视为题名关系，通常归入题名规范记录，以及书目记录的某些附加款目；②第二组实体间的相关关系，可视为名称关系，通常归入名称规范记录。名称－题名规范及名称－题名检索点同时涉及名称和题名两种相关关系。

3.3.1 第一组实体间关系（第 24~28 章）

本节针对 RDA 第 8 部分记录第一组实体（作品、内容表达、载体表现和单件）间的相关关系。按 Barbara Tillett 的分类，第一组实体间关系包括：①固有关系，如图 1 资源的基本关系所示；②结构关系，如图 3.3 实体的结构关系所示；③衍生关系，如图 4 作品的演变关系所示。后两种关系即第一组实体间的相关关系。

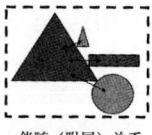

结构关系

整体－部分关系　　顺序关系　　伴随（附属）关系

图 3.3　实体的结构关系

以下两图均译自 Tillett 的报告"FRBR：Things You Should

Know, But Were Afraid To Ask"[①]。

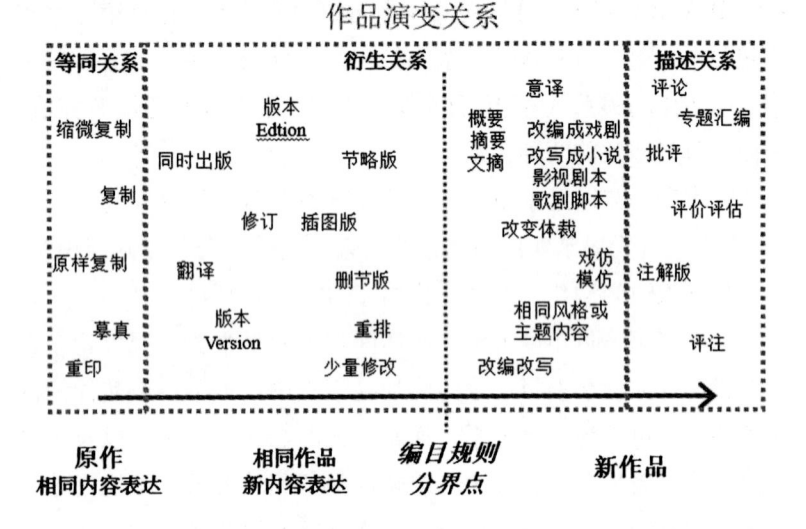

作品演变关系

等同关系	衍生关系		描述关系
		意译	评论
缩微复制	版本 Edtion	概要 改编成戏剧	专题汇编
	同时出版 节略版	摘要 改写成小说	
复制		文摘 影视剧本	批评
	修订 插图版	歌剧脚本	
		改变体裁	评价评估
原样复制	翻译		
		戏仿	注解版
	删节版	模仿	
摹真	版本 Version	相同风格或主题内容	
	重排		评注
重印	少量修改	改编改写	

| 原作 | 相同作品 | 编目规则 | 新作品 |
| 相同内容表达 | 新内容表达 | 分界点 | |

图 3.4 作品的演变关系

图 3.4 中，等同关系与衍生关系之间是同一作品不同内容表达的分界点，当衍生跨越"编目规则分界点"，则由一种作品演变为另一种作品。

第 24 章为本部分总则，第 25～28 章分别为记录相关作品、相关内容表达、相关载体表现和相关单件的说明。相应的关系说明语类型见 RDA 附录 J（本章 4.4 关系说明语）。

3.3.2 第二组实体间关系（第 29～32 章）

本节针对 RDA 第 9 部分记录第二组实体（个人、家族和团体）间的相关关系，关系如表 3.12 的关系说明语所示（取自 RDA 附录 K）。

---

① Tillett B. FRBR: Things You Should Know, But Were Afraid to Ask [OL]. Georgia CatalogingSummit. [R/OL]. [2012-8-10]. http://www.rda-jsc.org/docs/Georgia-FRBR-review-12august2011.ppt.

表 3.12 第二组实体间关系说明语

关系说明语	个人	家族	团体
个人	交替身份 真实身份	家族成员 祖先	雇员 创办者 团队成员 在任者 主办者
家族	后裔	后裔家族	创办家族 主办家族
团体	雇主 创办的团体 ……的团队成员	创办的团体 主办的团体	创办团体/创办的团体 下属团体/上级团体 被兼并团体/兼并后团体 分拆后团体 先前团体/后续团体 主办团体/主办的团体

第 29 章为本部分总则，第 30 – 32 章分别为记录相关个人、相关家族和相关团体的说明。相关关系类型如上，见 RDA 附录 K 关系说明语（本章 4.4 关系说明语）。

3.4 附录

RDA 除正文外，还有附录、词汇表和索引。其中附录提供对文字形式的附加说明，显示句法与 MARC21 对照表，个人名称的附加说明，以及说明实体间关系的关系指示词。

3.4.1 文字形式附加说明

RDA 提出"表达性原则"，元素依信息源形式转录或记录，但并没有完全取消对大小写、缩写等的控制。对相应的文字形式，在附录中统一提供附加的说明。包括：

1. 附录 A 大写

对特定元素中的大写做出规定：①个人、家族、团体和地点的名称；②作品、载体表现的题名；③版本说明；④连续出版物、丛编和子丛编的编号；⑤附注；⑥元素的细节。

A.0~A.9 为范围、总则和基本规则。A.10~A.55 为特定语言的规则，除英语外，还包括从波斯尼亚语到乌克兰语等 23 种语言。英语基于《芝加哥格式手册》(Chicago Manual of Style)。

2. 附录 B 缩写和符号

对特定元素中的缩写及代替缩写的符号做出规定：①个人、家族、团体和地点的名称；②作品的题名；③转录元素；④其他元素。

B.0~B.6 为范围、总则和基本规则。B.7~B.10 为特定字母缩写表，包括拉丁字母、西里尔字母、希腊字母和希伯来与意第绪字母缩写。B.11 为澳大利亚、加拿大和美国的州、省名缩写表。

3. 附录 C 首冠词

包括数十种语言的冠词表。C.0~C.1 为范围和总则；C.2 为依语种列出的冠词表；C.3 为 C.2 中所有冠词的字顺表。

RDA 的规则是首选题名和名称保留首冠词，但另有"交替规则"可省略作品题名或个人、团体名称的首冠词，此时冠词参照 C.2~C.3。

4. 附录 H 公历日期

对采用缩写"B.C."（公元前）和"A.D."（公元后）的说明。

仅当跨越公元前后时才使用"A.D."。

3.4.2 显示句法与 MARC 对照表

RDA 着重数据的创建，不规定数据所用元素数据格式，也不规定数据的显示形式。为体现与现有通用元数据标准和显示标准的兼容，附录 D 和附录 E 提供了相应的对照表，有助于熟悉原有标准者了解与掌握 RDA。

1. 附录 D 记录描述数据句法

提供资源描述数据的显示和编码与 RDA 的对照表。D.1 为 ISBD 显示，首先按 ISBD 元素顺序，列相应的分隔或显示标识符，再对应相应的 RDA 元素；其后提供显示样例及多部分描述的说明。D.2 为 MARC21 书目数据格式，是 MARC21 字段、子字段与 RDA 元素的对照表。

2. 附录 E 记录检索点控制句法

提供检索点和规范记录的显示和编码与 RDA 的对照表。E.1 为显示，依 AACR2 的个人、团体及统一题名的标目与参照的元素，列相应的分隔或显示标识符，再对应相应的 RDA 元素。E.2 为 MARC21 规范数据格式，是 MARC21 字段、子字段与 RDA 元素的对照表。

3.4.3　个人名称附加说明

不同国家和语言的人名差异较大，RDA 在附录 F 和 G 提供附加说明。

1. 附录 F 个人名称附加指导

对第 9 章识别个人的补充。F.1~F.10 针对特定国家、地区或语言的个人名称，包括：①阿拉伯语名称；②亚洲的缅甸、印度、印尼、马来、泰国及中国（含非中文名时）；③欧洲的冰岛、罗马尼亚及古罗马名称。

F.11 规定姓中带冠词、介词时的处理方式，包括从南非语到西班牙语等十多种语言。

2. 附录 G 贵族头衔与等级

列出法国、印尼与伊班人和英国的贵族头衔与等级；用于个人名称的附加部分。

3.4.4 关系说明语

本章第 2 节和第 3 节分别介绍了 RDA 的实体间固有关系和相关关系。除了资源的基本关系外，RDA 对每一种关系均提供相应的术语表，规定优先采用，以期对实体间关系给予明确、规范的揭示。

图 3.5 为 RDA 关系说明语示例，包括关系说明语及其定义，以及说明语之间的等级关系，如个人与家族关系有"家族成员"，其下级有"祖先"。

```
K.2.2  Relationship Designators to Relate Persons to Families
       Record an appropriate term from the following list with the authorized access point or identifier for a related
       person (see 30.1 RDA). Apply the general guidelines on using relationship designators at K.1 RDA.
          family member A person who is a member of the family.
              progenitor A person from whom the family is descended.
```

图 3.5　RDA 关系说明语示例

目前主题部分的概念、实物、事件和地点间关系（附录 L）尚留空。附录 I、附录 J 和附录 K 揭示的关系类型如下：

1. 附录 I 关系说明语：资源与相关个人、家族和团体间关系

资源	作品	内容表达	载体表现	单件
责任关系	I.2.1 创作者	I.3.1 贡献者	I.4.1 生产者	I.5.1 拥有者
	I.2.2 其他		I.4.2 出版者	I.5.2 其他
			I.4.3 发行者	

2. 附录 J 关系说明语：作品、内容表达、载体表现和单件间关系

第一组实体间关系	作品	内容表达	载体表现	单件
等同关系			J.4.2	J.5.2
衍生关系	J.2.2	J.3.2		
描述关系	J.2.3	J.3.3	J.4.3	J.5.3

续表

第一组实体间关系	作品	内容表达	载体表现	单件
整体－部分关系	J.2.4	J.3.4	J.4.4	J.5.4
伴随关系	J.2.5	J.3.5	J.4.5	J.5.5
顺序关系	J.2.6	J.3.6		

3. 附录 K 关系说明语：个人、家族和团体间关系

第二组实体间关系	个人	家族	团体
个人	K.2.1	K.2.2	K.2.3
家族	K.3.1	K.3.2	K.3.3
团体	K.4.1	K.4.2	K.4.3

第 4 章　RDA 的概貌特征

RDA 建立在 AACR2 基础上，将为所有类型内容和媒体的资源描述和检索提供全面的指导和用法说明[1]，其性质就是一个在数字环境下资源著录与检索的新标准。RDA 的计划目标很明确：以数字资源为重点；建立在原则基础上；世界范围内使用；易于使用与说明；能在联机、基于网络的环境里应用；适合所有类型的媒介与其他资源描述标准；应用范围拓展至图书馆领域外[2]。本章将从 RDA 的应用特点、内容特点两方面解读其概貌特征。

4.1　RDA 的应用特点

4.1.1　应用环境数字化与网络化

图书馆、信息中心和其他知识管理机构的生存环境在数字技术的发展下发生了广泛的改变，这些机构在数字化进程中纷纷设计、开发、使用各种数据库来保存与获取数字资源。数据库中不断增长的数字资源需要配套相应的资源描述与检索标准才能得到更好地揭示与利用，而 RDA 正是为数字环境设计与开发的资源描述和检索新标准。

RDA 在内容和结构的筹划上，充分考虑了数字化环境下资源

---

[1] Joint Steering Committee for Development of RDA. RDA: Resource Description and Access, Background. [EB/OL]. [2013-08-14] http://www.rda-jsc.org/rda.html.

[2] 杨莉萍. 美国国会图书馆 RDA 服务实践所感 [J]. 2011, 31 (11): 75-78.

描述的需求，但同时也可用于非数字化环境对资源的描述；在设计上，利用了新的数据库技术在数据获取、存储、检索和显示方面的优势，具有接纳资源新特点的灵活性和可扩展性，产生的数据能够在广泛的技术环境下运行。总体而言，作为 RDA 孕育背景的数字化、网络化环境包括以下几个方面。

（1）产生于网络。当前网络资源的编目已经完全失去了物理载体的意义，其链接的可靠性、网页的变化性等都不是物理载体所能比拟的。因此原有规则缺乏对众多网络资源描述的详尽说明，无法详尽、准确地描述、揭示电子资源，需要对其进行实质性的改变[①]。

（2）能满足数字和其他类型资源编目的需求。2005 年 4 月，在芝加哥举行的 JSC 和 COP 会议上，决定通过 AACR3 第一部分修订内容所接收到的评论和意见，设计一种更适合于数字环境的新标准，期望能够在不同的数字环境（如因特网、网络 OPAC 等）对所有的数字与非数字资源进行描述和检索[②]。在目前的信息环境中，单一的资源可能存在多样化的格式和多种类的衍生品。举一个简单的例子，易中天的《品三国》作品除了有传统的精装图书、平装图书、DVD 视频、VCD 视频、CD 有声书外，还有网络视频、网络电子图书等多种选择，从中又衍生出点评与讨论该作品的其他资源。由于 RDA 采用 FRBR 模型，又有适应数字资源描述与处理的规则，这些资源的属性与关系能在 RDA 中得到描述与处理。

（3）基于网络使用。虽然也出版印刷型版本，但 RDA 主要是一个网络产品，适于在网络环境中应用、操作和在线使用。使用网络 RDA 使培训和使用更为便捷，编目记录更适于网络环境

---

① 单晓红. RDA：未来的资源描述规则及其发展 [J]. 图书情报工作, 2007, 08：144 - 146 + 148.

② 冯亚惠. AACR 的替代品——资源描述与检索（RDA）介绍 [J]. 图书情报工作, 2007, 01：129 - 131.

下获取使用。作为网络产品的 RDA 比起相应的印刷版所具有的优势包括：编目过程简便、快捷、合作性强，通过联机工具可以方便地查找到所需要的编目规则；能利用超链接从一段文字访问另一段文字；网络 RDA 用户可以浏览、阅读、评注、打印其内容，也可以为特定文字添加书签；可以设计、存储和共享工作流程；还可以访问其他相关的编目工具。

4.1.2 应用背景国际化

RDA 在其导论中中明确提出，"为国际化环境中的使用而设计"。胡小菁的《RDA 的国际化设计与本地化实施》[①] 一文总结了 RDA 国际化的数个方面：

1. 国际化背景

RDA 这个名称反映了 JSC 和 COP 会议上所设想的，即编目规则格式和范围上作改变。《英美编目条例》修订拟出第三版时，原题为 AACR3：*Resource Description and Access*，"资源描述与检索"只是副题名，最终"扶正"，重要原因显然是要摆脱英语世界的局限，有扩大到图书馆领域以外的意图、独立于特定格式的目标，在名称上去掉"英美"、去掉"编目"，意味着它在地域与领域上有更大的抱负，表达了超越英语国家、走出图书馆界的目标，或许那就是 IFLA 计划中的"一部国际编目条例"。

2. 国际合作编制与持续修订

RDA 作为国际编目标准最新成果，由美国、英国、加拿大和澳大利亚 4 国参与编制，其国际化设计，已在走出英美、走向世界方面初显成效。

在开发过程中，不仅基于编制国的编目实践，还考虑到了更广泛的国际化应用：①基于 IFLA 的 FRBR、FRAD 及 ICP；②不

---

① 胡小菁. RDA 的国际化设计与本地化实施 [J]. 大学图书馆学报，2013，01：42 - 47.

限于特定的编码标准（AACR2 曾经与 MARC21 联系紧密）；③与出版界的《联机信息交换标准》（ONIX）、元数据界的都柏林核心元数据项目（DCMI）紧密合作；④公开征求并接受包括非编制国在内的机构对草案的意见反馈。这些均出自国际化和走出图书馆界的考虑。

RDA 正式发布后，为推进其国际化进程，COP 和 JSC 决定增加非英语国家代表。德国国家图书馆由于积极参与 RDA 的编制与修订反馈，承诺采用 RDA，成为首个创始编制国以外的 JSC 成员，这是 RDA 较 AACR2 的重大突破。而更多的欧洲国家正以欧洲 RDA 兴趣小组（European RDA Interest Group，EURIG）为平台积极参与 RDA 修订，为本国实施 RDA 做实质性准备[①]。

Web 2.0 时代的编目标准，也是"永远的 Beta 版"。RDA 发布后不久即处于持续的修订完善过程中，修订仍延续编制时的开放方式，鼓励以机构名义向 JSC 提交修订建议。此举既显示 RDA 未来在欧洲应用的前景，也为其他国家和地区参与 RDA 修订提供了示范作用。

3. 国际范围内的应用

RDA 的野心不仅仅在于描述所有类型的资源，同时也期望被全球的编目机构所采用。RDA 在导论中列出了其内容国际化的 4 个方面，成为国际化应用的基础：①语言文字不强制进行罗马化，创建机构可选用不同的语言文字；②数字不强制使用阿拉伯数字；③日期不强制使用公历；④计量单位可适应国际通行的两种计量制度。因此，虽然 RDA 以英语背景开发，但也适用于其他语言环境，并将翻译成其他语种以便于使用[②]。

---

① EURIG – Cooperation Agreement［EB/OL］.［2013 – 08 – 15］. http://www.slainte.org.uk/eurig/docs/EURIG_cooperation_agreement_2011.pdf

② RDA Toolkit. RDA in translation［EB/OL］.［2013 – 11 – 15］. http://www.rdatoolkit.org/translation.

4.1.3 应用格式灵活性与兼容性

作为一个内容标准，RDA 回答了什么数据应该记录以及如何记录的问题。它定义了著录和检索所需的数据元素，并对各种元素如何组成数据提供指导。RDA 不与某个特定的格式或显示方式捆绑，具有很高的灵活性与兼容性：RDA 数据能够采用现有的格式对信息进行编码、存储和传播，如 MARC21、DC、MODS 等，也能够被映射成其他当前或未来所采用的格式。这样它可以作为世界范围内通行的资源描述与检索的内容标准，从而使资源描述更为标准化。相对于 AACR1 及 AACR2 来说，编目员更易于熟练掌握 RDA[1]。

RDA 是元数据元素集的基础，支持网络环境数据的可视化和可用性[2]。模块化的属性和关系将有利于开发支持资源发现的应用，新的组织结构不再与任何特殊的记录结构绑定，有利于灵活适应各类社区的数据库结构。新框架的适应性和扩展性，将为 RDA 今后走向面向对象的模型结构提供更好的扩展空间。

吴晓静的《RDA——资源描述与检索的新标准》总结了 RDA 兼容性的若干表现：

1. 减少以往数据的调整。如何将 RDA 产生的数据整合到现有文件（尤其是那些利用 AACR 及其他相关标准开发的文件），是 RDA 设计中要考虑的关键因素。RDA 标准适应性强，使用 RDA 产生的数据易于融入现有文件，特别是采用 AACR 及相关标准的文件，因而经济适用，可降低需要回溯的数量，节约编目成本。

2. 与业内其他标准兼容。RDA 为了最大限度地体现数据在

---

[1] 张秀兰. 书目描述与检索的最新内容标准 – RDA [J]. 图书情报工作, 2006, 03: 95 – 97.

[2] 沈志华. 什么是 RDA [EB/OL]. [2013 – 11 – 15]. http://home.calis.edu.cn/calis/lhml/jianbao/42/2.htm.

存储和显示上的灵活性,将记录数据和显示数据划分出清楚的界线,以独立格式应用于书目信息交流,与其他资源描述与检索标准兼容。各种元数据格式都可以采用这一标准,不论ISBD、MARC21,还是DC等①。

3. 与相关行业的标准兼容。RDA不仅能兼容应用于图书馆界的资源描述与检索标准,也能用于其他领域的信息系统。除了出版商使用的在线信息交换标准(ONIX),RDA还可与档案界、博物馆界的标准兼容,所用语言去掉不必要的图书馆专业术语,便于艺术馆、档案馆、博物馆及其他信息机构的使用,为跨行业的合作与共享创造了条件。

应用格式的灵活性与兼容性可带来的好处包括:减低重复劳动,降低经济成本,扩大书目数据应用范围等。为与这些效果相适应,RDA制定了如下目标和原则②:

(1) 减少回溯工作量。连续性是RDA确立的一大设计目标。指数据可整合进现存的数据库(特别是那些已利用AACR和有关标准开发的)中,并对那些数据库来说只需要最少量的回溯调整的。既要满足图书馆组织传统资源的需要,也要尽量减少回溯建库、回溯做数据的情况,以节省编目机构的人力财力。也就是说,使RDA产生的数据与AACR及其他相关标准开发的数据相协调,是RDA设计中要考虑的关键因素。其目标是,依据AACR产生的标准改写的使用说明,其运用将更容易、更具适应性和更加经济,还将最大限度地减少由RDA产生的新数据与现有文档整合时的回溯工作量。

(2) 扩大书目应用范围。指书目数据可应用于出版界、书商、博物馆、档案馆、艺术馆及其他信息机构。

---

① 吴晓静. FRBR对RDA的影响初探 [R/OL]. [2013-11-15]. http://www.nlc.gov.cn/newgtcb/gtcbywyt/bmgz/dyjwxbmgz/201106/t20110629_45615.htm.
② 朱俊卿.《RDA的目标与原则》剖析和解读 [J]. 图书情报工作网刊,2012,01: 9-15.

（3）节省费用。指在尽量节省费用的情况下满足功能需求以支持用户任务。也就是说，要遵循经济性原则，当达到某一目标存在多种途径时，应选择整体经济性最佳的途径（即费用最少或方法最简单）。

4.1.4　应用对象多样化

RDA 应用对象多样化体现在可描述传统及非传统、模拟及数字化的资源，具有满足新生资源特点的灵活性和可扩性。

AACR 系列主要适用于图书馆传统资料，对于电子期刊、联机数据库等新媒体类型难于处理。而 RDA 设计用来描述各种不同的内容类型与载体类型，其战略目标是为各种内容和媒体资源提供著录与检索的完整的使用指南和方法，能够描述文本图形、图像、地图、电影、录音等各种信息资源，不但要在图书馆领域应用，还可用于全世界范围的艺术馆、档案馆、博物馆及其他信息机构。

FRBR 模型帮助 RDA 实现应用对象多样化这个目标。FRBR 在文献目录记录中描述了所有的物理载体（纸张、胶片、磁带、光存储载体等）；包括所有的形式（书籍、印刷品、唱片、盒式磁带、缩微胶卷等）；展示了记录信息的所有方式（模拟的、声音的、电子的、数字的、光的等等）。适用的用户不限于图书馆职员，而是更为广泛，包括读者、学生、研究人员、出版者、图书流通机构、零售商、信息经纪人、知识产权的管理者等等。采用 FRBR 概念模式的新规则有助于 RDA 应用对象范围的扩大。

从 RDA 这一名称也可以看到它的目标所在。由于 AACR2 的使用早已不限于英、美、澳大利亚、加拿大等英语国家，而是一部具有 25 种译本，在近 50 个国家使用的国际性的编目规则，且 JSC 也希望新规则被更多的国家采用，所以名称中不再保留"英美"这个地域性的名词；由于"规则"显得严格和排斥，这个名词不再出现，以显示这是一个供元数据机构使用的指导性的方针；为了显示新规则的适用范围，名称中用资源描述与检索，不用编目，表示不限于传统图书馆资源，而是包含目前已经存在和将来有可能出现的各种信息资源，便于其他元数据机构的理解和使用。联合指导委员会曾将新规则暂名为 AACR3：*Resource Description and Access*。2005 年 4 月，该委员会在美国芝加哥召开会议，决定新规则的名称为 *Resource Description and Access*。使用 RDA 这一名称表明新规则的目的是成为国际性的各种媒体书目记录与检索的内容标准。

4.2 RDA 的编制特点

因为日新月异的信息环境与用户需求，作为 AACR2 的继承者，RDA 在结构、术语、资源类型、著录原则等方面作了较大改变。

RDA 的许多说明与 AACR2 在意义上没有区别，但是著录条款的组织形式不同，RDA 不再按照 ISBD 的著录项目细分，而是将特定数据元素的说明集中在一起，它用于识别描述性编目的数据元素并按照类似于 AACR2 的顺序排列这些元素，但对于记录中的各种元素的排列顺序不作说明，实际上在计算机编目环境中，这种顺序也不再重要[1]。

4.2.1 编制基础与原则

RDA 的主要目的就是为反映与 FRBR 和 FRAR 模型中定义的实体的属性和关系有关的记录数据提供指导[2]。因此，RDA 在内

---

[1] 李蕾. RDA 能走多远？——《资源描述和检索》简述 [J]. 图书馆建设，2011, 01: 66 - 70.

[2] 《英美编目条例》修订联合指导委员会. RDA：资源著录与检索内容说明书 [EB/OL]. [2013 - 08 - 12] http://www.rda - jsc.org/docs/5rda - prospectusrev2_chi.pdf (2006 - 06 - 19).

容及结构的安排上与 FRBR 概念相一致，并全面支持 FRBR 的查找、识别、选择和获取的用户任务。FRBR 问世后，对国际编目界产生了很大影响，RDA 核心元素选自那些与 FRBR 和 FRAD 定义的用户任务具有"高"匹配值的属性和关系，可以说它是一部充分体现 FRBR 概念和结构的编目标准。FRBR 和 FRAD 模型给 RDA 提供了一个基本的框架，使它具有支持全面包括各种类型内容与媒体所需的范围，具有适应新出现的资源特征所需的灵活性和可扩展性，具有在广泛的技术环境范围内数据的生产和运行所需的适应性。

AACR 从 AACR1 到 RDA 都体现了这一原则，全面贯彻 ICP 的原则和精神。RDA 和 IFLA 的新的国际编目原则同时开发，虽然是不同的组织的计划，但 JSC 和 IFLA 关系密切，两者工作小组成员中有重叠互补，这样保证了 RDA 和新的国际编目原则的基本精神保持一致。RDA 作为编制基础的 FRBR 概念模型家族，以及 ICP 原则，在本书第 2 章有详细论述。

4.2.2　内容国际化

AACR2 完全基于英美的编目实践，反映英美的习惯，用于以英语为工作语言的图书馆目录。RDA 要实现国际化，一开始就打破了这种限制。作为去英美化的国际化编目规则[①]，RDA "导论"（RDA0.11），列出了其内容国际化的 4 个方面：

1. 语言文字：不强制对文字进行罗马化，创建数据机构可选用不同的语言文字。

RDA 规定特定元素按信息源显示语言与文字转录，除非无法记录；其他元素一般以创建数据机构所选语言和文字记录；数据创建机构可以制作反映其语言或文字的首选用语表。因此，即使同一国家对不同语言文字资料也可做不同的规定，如我国传统上

---

① 胡小菁. RDA 的国际化战略 [J]. 数字图书馆论坛，2010，(12)：16-18.

西文以英语为编目语言，日语、俄语分别以日语、俄语为编目语言。

2. 数字：不强制使用阿拉伯数字。

RDA 规定特定元素中记录的数字按信息源转录，但也允许由数据创建机构决定。

3. 日期：不强制使用公历。

RDA 规定特定元素中记录的日期按信息源转录，但也允许由数据创建机构决定。

4. 计量单位：适应国际通用的两种计量制度。

RDA 规定特定元素中记录的计量单位按信息源转录；载体及容器尺寸以米制记录，也允许数据创建机构自定；放映速度一般以每秒米或每分钟转速、每秒帧等记录，也允许每秒英寸。

上述国际化内容体现在 RDA 文本通篇中。然而，由于 RDA 脱胎于 AACR2，正文中仍不免残存一些偏向编制国的规定，比如对行政管辖区，编制国直接用地区（州、省等）而不冠以国名，不利于其他国家采用这部分规则，有待进一步修改完善。

RDA 自发布起，修改完善过程一直没有停止。2012 年 4 月 RDA 发布首次完整修订，其中最引人注目的一处变化是题名首冠词，将原沿用 AACR2、在作品的首选题名中省略首冠词的规定改为交替做法，增加欧洲各国保留首冠词的做法[1]，并作为正文规定。此变化涉及 RDA 文本多个条目及附录的修订。将英美编目传统由 RDA 正文规定（instruction）改入交替做法（alternative），表明 RDA 顺应多种编目传统的姿态，其国际化之路必将越来越宽广。

---

[1] EURIG. Outcomes of the EURIG Technical Meeting, Paris January 27, 2012 [R/OL]. [2013 - 11 - 15]. www. slainte. org. uk/eurig/docs/1201Paris/1201ParisOutcomes. pdf？.

4.2.3 概念术语与时俱进

RDA 目标与原则声明中明确指出 RDA 应用于所有资源类型，覆盖资源著录与检索基本方面的通用说明将采用清楚、简练和简单的术语加以阐明①。这不管是对于编目人员还是一般的目录用户来说，都将使人易于理解，从而提高规则使用的便利性和简易度。

RDA 准则和指南以通用英语作介绍，做到内容清晰，概念明确，通俗易懂；杜绝模糊，减少术语和行话，力求使基本概念、术语和应用范围的表述没有歧义。

RDA 准则和指南反映理性的、非随意的决定。通常主题标引的复杂性以及主题词在应用上的不便利性，给编目人员和目录用户带来消极的影响。RDA 将通过提供词汇之间转换和相互参照的渠道，加强用户查找、明晰术语的便利，改善用户对词汇术语的识别与理解。举例来说，通过建立专业性主题词汇与普通名词术语的匹配和连接，为用户提供直观的入口词选择，使用户在查询条目时，不会因自身知识的匮乏，无法输入正确的检索词而找不到需要的信息资源。又如，提供受控主题词汇的应用和相互参照，使词汇之间能够交叉检索和互操作，以利于用户对受控术语的理解识别和选择。

除了减少不必要的图书馆专业术语，对不清晰或不一致的概念进行必要的修正，提升文本语义的简洁易懂，RDA 在术语方面对 AACR2 进行了大幅改变，删减过时的术语，引入了 FRBR 概念术语等适合新型信息需求的术语：

1. RDA 与 FRBR 概念的一致。作品、内容表达、载体表现和单件是 FRBR 中的重要概念。然而，AACR 有"作品"的概念，

---

① 陈家翠. RDA：资源著录与检索内容说明书. [EB/OL]. [2010-09-28]. http://www.collectionscanada.gc.ca/jsc/docs/5rda-prospectusrev3_chi.pdf.

没有"内容表达"、"载体表现"的概念,"单件"的概念与 FRBR 中不一致。要体现 FRBR 模型,需要使两者概念一致。2001年联合指导委员会决定将 FRBR 术语融入 AACR,并致力于这方面的努力,因此 RDA 采用了"内容表达"、"载体表现"、"属性"、"关系"等词汇,现在可以说这些概念已经成为 RDA 不可缺少的组成部分。

2. "检索点"与"款目"。主要款目是卡片时代的概念,机读目录出现以后,编目界不断讨论主要款目的存废问题,而且从国际文献著录发展看,主张取消主要款目的人士越来越多。对于这个问题的处理,AACR2 采取了折中的办法,即"检索点"与"主要款目"并存使用,既保留了主要款目概念,同时对取消这一概念也表示认可,但检索点选取仍然基于"不能不取主要款目"的假定。然而,对于一部现代化的编目标准来说,保留这样一个概念显然是不合时宜的。RDA 彻底废除了主要款目(main entry)、附加款目(added entry)的概念,代之以"主要检索点"(primary access point)和"次要检索点"(secondary access point)的概念。

3. 统一题名。在 AACR2 中,统一题名有两个意义:①当一部著作由于有不同的版本和译本而具有多个不同的题名和题名形式时,为了在目录中集中同一著作的不同版本和译本而在编目时选定的一个特定的题名;②一种惯用的总题名。当个人著者、作曲家的作品或团体的出版物中包含有若干作品时,用来集中同类出版物而选加的题名①。

可见,传统概念中,统一题名具有集中作品与区分作品两种功能。对于两种不同的作用,都采用统一题名这个名称,容易引起概念上的混淆。为了表示内容表达层次的统一题名与用做共同

---

① 中国图书馆学会《西文文献著录条例》修订组.《西文文献著录条例(修订扩大版)》. 北京:科学技术文献出版社,2003:543

题名的统一题名之间的不同，RDA 将对统一题名进行重新组织。而且，统一题名的概念将修改，可能采用较为中性并能体现标目结构化特征的新术语 Constructed title。

表 4.1　AACR2 与 RDA 名词术语对比①

AACR 名词术语	RDA 名词术语
Heading 标目	Access point 检索点
Authority control 规范控制	Access point control 检索点控制
Authorized heading 规范标目	Preferred access point 可选检索点
Uniform title 统一题名	Preferred title 可选题名
Main entry 主要款目	Primary access point 主要检索点
Added entry 附加款目	Secondary access point 次要检索点

4. 内容类型、资源种类、载体类型。资源种类的日益增多是引起 AACR2 修订的一个重要原因，因此，RDA 对资源类型的定义就要尽量考虑详尽，避免像 AACR2 的资源类别那样混淆了内容类别及载体（如图书、手稿、缩微胶片等）。

首先，RDA 将一般资料标识（General Material Designations，简称 GMD）分成内容类型、媒体类型、载体类型。内容类型是指作品表达的交流形式，如演出的音乐、文本、二维的运动影像；媒体类型是用来观看、运行、演奏资源内容所使用的设备的种类，如音频载体、电脑载体、缩微载体、视频载体；载体类型是指贮藏和安置媒体的格式，如音频碟片、网络资源、缩微胶片、录像带、合订本等，并且列出了详细的载体类型种类，如计算机的载体（Computer carriers）分为"computer card、computer chip cartridge、computer disc、computer disccartridge、computer tape cartridge、computer tape cassette、computer tape reel、online re-

---

① 高红．RDA 标准及理念对我国文献编目工作的启示［J］．国家图书馆学刊，2008，01：65－69

source"。其次，RDA 还可以具体说明载体数量等其他详情，如"1 computer disc（184 remote – sensing images）、1 microfiche（120 frames）、1 computer disc（xv pages, 150 maps）、1 online resource（68 pages）"。这样，当资源以多种类型出现时，根据 RDA 就可以进行比较明确的区分①②。

5. 多种附录

RDA 有多达 12 种附录，与 AACR2 相似之处有关于大小写、缩写、首冠词的用法等。AACR2 历次的修订中都没有直接出现以 MARC 格式著录的描述，但 RDA 附录 D 书目格式、附录 E 规范格式则分别说明如何完成资料著录及标目显示的功能，这是 RDA 与 AACR2 明显的差异。虽然 LC 宣称因为 RDA 的冲击，将重新思考未来 MARC 21 的前景，但现阶段 RDA 仍必须以 MARC 为着录基础。未来融合两种规范之后发展出下一代的著录模式，相信是必然的方向③。

4.2.4 著录规则改变

JSC 的 Schulz, N. 曾逐条比对 RDA 对 AACR2 的改动，各学者亦从不同角度探讨著录规则的改变，综合其要点包括④：

1. 取消"一般资料标识"（General Material Designation, GMD）

RDA 不再延续按资源类型分类的组织结构，而是将 GMD 取

---

① 李蓓. RDA 能走多远？——《资源描述和检索》简述 [J]. 图书馆建设, 2011, 01: 66 – 70

② Schiff A L. Changes from AACR2 to RDA: A Comparison of Examples [EB/OL]. [2013 – 11 – 11]. http: //www.rda – jsc.org/docs/BCLAPresentation.ppt

③ 郑玉玲等. 资源描述与检索：RDA 与 AACR2、MARC21 相关议题初探 [EB/OL]. [2013 – 08 – 15]. http: //www.ncl.edu.tw/upload/P1020115002/cats/2 – 资源描述與檢索：RDA 與 AACR2、MARC21 相關議題初探.pdf

④ Nathalie Schulz. Changes to AACR2 Instructions [R/OL]. [2013 – 08 – 14] http: //www.rda – jsc.org/docs/5sec7rev.pdf

代为从内容、媒介和载体三个角度分别对资源类型进行界定,即内容类型(Content Type)、媒体类型(Media Type)及载体类型(Carrier Type),并提供完善的用语清单与使用规则。内容类型着重于著录资源的内涵形式特性;媒体形式与载体形式用于著录资源的外部形态特征。一方面有利于适应复合多种类型的资源描述,另一方面降低了资源类型的颗粒度,为未来进一步开发 RDA 的应用提供潜在便利。这是 RDA 与 AACR2 在著录书目时显著的差异。

除 GMD 之外,AACR2 中特殊资料标识(SMD)构成数量说明的一部分,而 RDA 使用两个不同元素,一是载体类型,使用控制词表;另一个是数量,可采用载体类型(单数或复数),也可采用其他术语。上述 Schulz 的文中[①]较为详尽列举了 AACR2 的 SMD 与 RDA 相关条目与词汇的差异情况,摘录部分例子:

表4.2　AACR2 SMD 与 RDA 词汇对照举例

AACR2 6.5B1	RDA 3.3.1.2
	Audio carriers
sound cartridge	audio cartridge
sound cassette	audiocassette
audio cylinder	
sound disc	audio disc
audio roll	
sound tape reel	audiotape reel
sound track film reel (in 6.5B1 second paragraph)	sound - track reel

2. 取消"三的原则"(Rule of three)

"三的原则"可视为卡片式目录环境下的产物。在卡片目录

---

① 吴晓静. 从 AACR2 到 RDA 的内容变化 [J]. 数字图书馆论坛,2010 (12): 21-33

中，由于空间有限，对超过3个责任者或超过3个的同一项目的著录进行限制，一般取第一个责任者或项目进行著录，而对次要信息予以省略或在附注项内进行说明。这一点在计算机编目时代已经可以解决，只要忽略成本（如数据空间的占用及编目人员的劳动），多个同类信息的著录在技术上是毫无问题的。RDA 对这一原则进行了明确的修改。

RDA 取消 AACR2 对于责任者如果超过三个，仅选择第一个著录，并于其后加上"… [et al.]"的规定，而改用全部照录；或者选择性省略原则，也就是仅著录排在第一位的责任者，其他责任者用"and … others"表示。此外，若信息源上有头衔或尊称，RDA 予以照录，AACR2 则省略。无论何种作法，RDA 都另给予每一责任者单一的题名-责任者检索点，以确保责任者可被检索到并可与作品连结。负主要责任的责任者记录在 1xx 字段，其余责任者记录在 7xx 字段。例如 John Tracy, Mary Bomford, Quentin Hart, Glen Saunders 和 Ron Sinclair 撰写的 *Managing Bird Damage to Fruit and Other Horticultural Crops* 一书，AACR2 规则下的编目如下：

245 00　MYMa Managing bird damage to fruit and other horticultural crops / John Tracey … [et al.] .

700 1_　MYMa Tracey, John Paul.

而 RDA 规则下的编目则是：

100 1_　MYMa Tracey, John Paul, MYMe author.

245 10　MYMa Managing bird damage to fruit and other horticultural crops / John Tracey, Mary Bomford, Quentin Hart, Glen Saunders, Ron Sinclair.

700 1_　MYMa Bomford, Mary, MYMe author.

700 1_　MYMa Hart, Quentin, MYMe author.

700 1_　MYMa Saunders, Glen, MYMe author.

700 1_　MYMa Sinclair, Ron, MYMe author.

3. 主要信息源

基本上，RDA 放宽了信息源的范围，不受限于过去强调的主要信息源，使资源著录的内容更为丰富多元，可提升其参考价值。如 AACR2 规定，出现于主要信息源的并列题名，方可著录于题名及责任者项（AACR2 1.1D），而 RDA 则认为并列题名不论是否出现于主要信息源，皆可著录于题名及责任者项。

4. 照录原则

照录原则是 RDA 条款设计的一个重要原则：数据应当反映资源本身的表现，即 take what you see。紧密遵循照录原则，描述资源的过程得以简化，也为数据自动抓取、重用其他来源数据提供了可能性①。

AACR2 对印错的正题名（如字母错位等）采用［sic …］的方式更正。而根据 RDA 的照录原则，编目员并不直接更正题名错误，而是照录题名内容，但另提供正确的信息。此原则是考虑到资料在源头上就有可能以此错误形式出现，而未来书目资料将在各系统之间传输，为避免比对或查重时因为差异造成误判，所以尽量维持一致；而另外提供正确题名信息，则可以使资料更为完整而精确。

5. 取消缩写

RDA 取消缩写原则不仅是因为前文所述的书目已不受限于卡片篇幅，同时也因为普通用户不一定了解 AACR2 缩写后的字义，因此 RDA 取消此原则。以下试举数例：

①关于版次，AACR2 规定了数字格式及缩写的方式，而 RDA 则依资料来源照录。

②出版地、出版者无法辨识或不详时，AACR2 以［s. l.］、

---

① 胡小菁.《RDA 基础导论》笔记［EB/OL］.［2013 - 08 - 17］. http: // catwizard. net/posts/20120910211109. html.

[s. n.] 代表，不过有些用户并不能了解其代表的含义，所以 RDA 改用用户直接能读懂的 [Place of publication not identified] 以及 [publisher not identified] 著录不详的出版者和出版地信息。

③AACR2 著录载体形态项的数量与插图使用 p.、v.、ill. 等缩写，而 RDA 规定除非信息源上采用了缩写的形式，否则以全称著录，将缩写改为 pages、volume 等全称单词，仅尺寸由于 cm 是国际标准计量单位，仍然维持缩写的形式。

各界对此看法见仁见智，多认为固然应取消使用者熟悉的缩写，但对大众已习用的缩写字也还原为全称，将造成编目者键入的困扰，既费时又易错漏。因此若未来书目系统皆具备便于设定或带入常用字词的功能，即可避免此类问题。

4.2.5　内容结构灵活

RAD 的设计是为了轻松高效的利用。RDA 将构建能有效应用于不同资源的指南和使用说明，范围从相对简单直接的著录到需要详细指南的著录。应用于所有资源类型，覆盖资源著录与检索基本方面的通用使用说明将采用清楚、简练和简单的术语加以阐明。为了著录某些资源所表现出来的特性可能会需要更进一步的指南，RDA 将提供更加详细的使用说明以便应用于特殊类型的内容、媒体和发布模式。作为那些详细指南的更进一步的补充手段，RDA 将提供与其他领域（如由档案界和博物馆界研制）的资源著录与检索标准的参照。对那些只需要进行简单著录的人而言，RDA 的结构和编排也会使他们更容易识别基本使用说明，并屏蔽掉那些只有在更详细著录级别上才需要的使用说明。

RDA 的内容及结构安排上都与 FRBR 概念模型保持了一致，FRBR 定义了书目记录的结构和关系，成为 RDA 中 A 部分的理论基础；FRAR 是 B 部分"检索点和名称规范"的基础，整个 RDA 全面支持 FRBR 的查找、识别、选择及存取等用户任务。

RDA 的全文分为 A、B 两个部分以及附录、术语表和索引。

A 部分涉及图书馆传统的书目记录元素，分为实体描述和关系，主要包含指南、资源的识别、载体、内容、信息的获取和存取以及有关实体间的关系；B 部分是规范控制，主要包含检索点选择，检索点，规范和非规范格式等，RDA 呈现出明显的 FRBR 化特征，同 AACR2 的体系已经完全不同。

由于加入了 FRBR 中"关系"的概念，RDA 的结构较为复杂，章节排列比 AACR2 更具层次性，同类型章节内的排列结构较为统一，如：各段第 1 章 Guidelines 的 *.0 为范围（Scope）、*.1 为词汇（Terminology）、*.2 为功能性目标与原则（Functional Objectives and Principles）、*.3 为核心项目（Core Elements）等。由于 RDA 以电子形式发行了 RDA Toolkit，提供便利的检索功能，因此标记的助记性不再如以往重要，而是提供其条文架构的线索。

RDA 列出各实体及关系的核心元素（Core Elements），此元素内容只要出现于资源上，就必需著录；此外还列出有条件的核心元素（Core If Elements），也就是此元素在某种情况下是核心元素，必需著录。除此以外为非核心元素，编目机构可自行决定是否著录。RDA 逐项列出了元素的核心与否以便于编目员选择操作。

第 5 章　RDA 与关联数据

5.1　关联数据

5.1.1　关联数据概述

关联数据一词 2006 年由蒂姆·伯纳斯－李（Tim Berners－Lee）在其万维网体系架构笔记《关联数据》中首先提出。Tim Berners－Lee 认为关联数据（Linked Data）定义了一种 URI 规范，使得人们可以通过 HTTP/URI 机制，直接获得数字资源（thing）[1]。根据维基百科的解释：关联数据是一种推荐的最佳实践，用来在语义网中使用 URI 和 RDF 发布、分享、连接各类数据、信息和知识，发布和部署实例数据和类数据，从而可以通过 HTTP 协议揭示并获取这些数据，同时强调数据的相互关联、相互联系以及有益于人机理解的语境信息[2]。通俗地讲，关联数据是数据的一种发布方式，以 URL 的方式链接到一个数据对象，而不是一个文档，这个 URL 通常就是这个数据的 URI，并且这个数据对象基本上是由 RDF 来描述的，RDF 数据模型保证数据具有语义，而且 RDF 文件中应该包含更多的由 URI 所标识的其他资源。关联数据是语义网的一个简化方案，它以三元组模型

---

[1] Tim Berners－Lee. Linked Data. 16June 2009［EB/OL］.［2013－08－18］. http://www.w3.org/DesignIssues/LinkedData.html.

[2] Linked Data［EB/OL］.［2013－09－18］. http://en.wikipedia.org/wiki/Linked_Data.

（RDF）及其各类模式扩展（即 RDFS、SKOS、OWL 等）来描述世间万物及其相互关系，并用通用的万维网协议和规范，即 HTTP 和 URI 等，来发布和存取数据，其基础可以总结为四个简单的原则要求，即原则一：使用 URI 作为任何事物的标识名称；原则二：使用 HTTP URI 使任何人都可以访问这些标识名称；原则三：当有人访问某个标识名称时，以标准的形式（如 RDF，SPARQL）提供有用的信息；原则四：尽可能提供相关的 URI，以使人们可以发现更多的事物。可以说，RDF、URI、HTTP 构成了关联数据的核心。

1. 资源描述框架（Resource Description Framework，RDF）

RDF 是一个描述网络资源对象及其间关系的数据模型，是 Web 上数据交换的标准模型，拥有简单的语义，具有语法独立性[①]。RDF 提供了一种表达语义信息，并使其能在应用程序间交换而不丧失语义的通用框架，是语义网表示语义信息的基础。RDF 模型由"主体（subject）- 谓词（predicate）- 客体（object）"三元组组成，一个三元组构成一条陈述，例如"Jim study at ECNU, ECNU based In Shanghai"，该句描述可以转换成 2 个 RDF 三元组，描述如下：

主体 → 谓词 → 客体

Jim　　study at　　ECNU

ECNU　based in　Shanghai

RDF"主体—谓词—客体"三元组定义了资源以及资源之间的关系，且每个三元组通过谓语都能且只能表达一个关系。"主体"是有统一标识符（URI）的资源，也可以是没有命名空间的空白节点如 DOI、ISBN 等；"客体"可以是有 URI 的资源、空白节点、也可以是字串值；而"谓词"表示了主体和客体的关系。

[①] Resource Description Framework. 10 February 2004 [EB/OL]. [2013-09-10]. http://www.w3.org/RDF/

第 5 章 RDA 与关联数据

在语义网环境下关联数据的魅力在于 RDF "主体—谓语—客体"三元组的取值都是以 URI 标识的资源，即 RDF 三元组的主体是被描述资源的 URI；客体是一定程度上与主体有关的另一种资源的 URI；谓词则表明了主体与客体之间存在的关系，是有 URI 标识的词汇，这些词汇一般来自公认词汇集，即具有固定域名信息的 URIs 集合（如在语义网社区里的词汇集：朋友的朋友（FOAF）、都柏林核心词汇集（DC）、RDFs 核心词汇集（RDF Shema）、简单信息组织系统（SKOS）等）。以图 5.1 为例，该图中含有 3 个 RDF 三元组，主体是由 http：//richard. cyganiak. de/foaf. rdf#cygri 标识的 pd：cygri，第 1 组的谓词是来自 RDFs 词汇集的 rdf：type，客体是 foaf：person，该陈述表明主体 pd：cygri 的类型是 FOAF 中的人物；第 2 组的谓词是来自 FOAF 的词汇 foaf：name，客体是 Richard Cyganiak，该陈述表明主体 pd：cygri 的名字叫 Richard Cyganiak；第 3 组的谓词是来自 FOAF 的词汇 foaf：based_ near，客体是来自 DBpedia 数据集由 http：//dbpedia. orgresource/Berlin 标识的 dbpedia：Berlin，该陈述表明主体 pd：cygri 住在 Berlin。由上述例子可见，RDF "主体 – 谓词 – 客体"三元组定义了资源以及资源之间的关系，且每个三元组通过谓词都能且只能表达一个关系，"主体 – 谓词 – 客体"的取值可以是来自不同域名的 URI，通过 RDF 的描述可以将不同来源的数据关联起来。

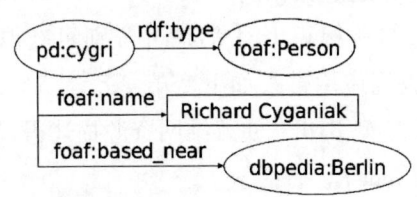

pd:cygri = http://richard.cyganiak.de/foaf.rdf#cygri
dbpedia:Berlin = http://dbpedia.org/resource/Berlin

图 5.1　RDF 三元组图示

2. 统一资源标识符（Uniform Resource Identifier，URI）

URI 是标识 Web 资源的标准机制，具有唯一性。URI 一方面，在不集中管理的条件下，能提供一种简单的方法来创建全球唯一的标识名称；另一方面，URI 不仅是一个名称，而且还是万维网上访问信息资源的一种方式。关联数据技术背景下，URI 所标识的是数据，而不是文档。通过 URI 链接（即 RDF 三元组的取值是有 URI 标识的资源）将来自不同数据源的数据关联起来，当通过超文本传输协议（Hyper Text Transfer Protocol，HTTP）对 URI 访问时，通过 URI 链接获取尽可能多的有用信息。可以说，URI 的唯一性不但可以消除语言的歧义和多语言的问题，而且还可以识别和获取资源。

5.1.2 关联数据的作用

万维网的发展趋势是语义网，语义网也即是数据的万维网（Web of Data），其实现方法就是数据资源的网络化。关联数据的核心技术为数据资源的网络化提供了一种可行的表达形式，实用且可操作，适用于各种形式的数据。关联数据的最终目的是让人们在万维网上共享结构化的数据像共享文件一样方便，实现数据 Web（Web of Data）。关联数据技术使数据 Web 成为有命名数据组成的 Web，通过数据的关联，提供全球网络巨图，网络中的任何事物通过名称标识 URI 都是可辨别可获取的。数据 Web 将会为未来的数据应用带来如下变革：

1. 提供统一的数据模型 RDF。使万维网资源描述得以完美模拟真实世界中的事物（thing）。

2. 提供统一的存取 API。关联数据正在成为数据上网的一种标准形式，使开放数据的 API 直接统一为 HTTP 协议，等于废除了任何私有的 API，使数据万维网的访问具有了标准统一的 API，实现了万维网由从开放应用程序接口到开放数据的转变。

3. 提供一致的语义描述描述方法，如：RDF（S）/OWL。

RDF（S）是一个用来描述 RDF 资源的属性和类型的词汇集描述语言，并提供关于这些属性和类型的语义，RDF（S）自身也是用 RDF 表示的；网络本体语言 OWL 是语义网上表示本体的推荐语言，是 RDF（S）的扩展，可以使用 RDF 的类和属性。

4. 提供可扩展的数据整合和混搭平台。基于 HTTP 的开放式数据库互联，使得数据独立于平台，可以跨越了目前的数据库的异构现象，实现了数据迁移和整合。

5. 提供了富于想象力的数据利用空间，关联数据空间成为网络的一种新的分布式数据容器。

关联数据是实现 Data Web 的关键技术，关联数据在数据 Web 中的重要性在于：①为数据 web 提供了开放数据存取和链接机制；②严格采用 HTTP URI，全面支持 RDF，使真实世界全面映射到网络世界，追求的目标是机器可理解，人也可读；③为异构数据资源的整合提供了丰富有力的机制，揭示了 web 资源整合的本质即信息资源采用 URI 命名，其是唯一标识和可参考的；④开阔了我们的视野，通过数据 Web 的数据关联，意外的发现更多的相关事物，使人们看到数据开放和普遍链接的潜力。

5.1.3 关联数据的应用研究

1. 关联数据在国外的应用研究

关联数据因其低成本、高可用性、整合简单等特点，受到了信息科学领域专家的倾睐，从 2008 年起，每年互联网年度大会（WWW Conference）、语义网大会（International Semantic Web Conference）、国际元数据年会（DC 会议）等都会召开关于关联数据的专门会议，探讨关联数据发布、消费等问题。从实践探索看，关联数据技术作为一种数据的发布方式，在媒体、政府、商业及图书馆等领域得到了应用。大型媒体公司 BBC 及美国纽约时报相继将他们海量数据转换成了关联数据。欧盟统计局 RIESE 项目以"为人和机器着想"的原则创建关联数据，将统计局的数据集转换成 RDF 格式,提供了大约 3 亿个 RDF 三元组,数百万个高质量的互链接[①]。在图书馆领域,美国国会图书馆、瑞典国家图书馆、英国国家图书馆、德国国家图书馆以及 OCLC 等都在探索将书目数据、规范记录、知识组织系统 KOS(如 LCSH、DDC 等)等发布成关联数据形式。在商业领域,作为全球最大的专业零售商、世界 500 强之一的百思买,很早就利用关联数据技术在网上发布商品的信息。从发展趋势上看,2007 年 W3C SWEO 启动了关联开放数据计划(Linking Open Data,简称 LOD),当年关联开放数据(LOD)云图中只有 12 个数据集合到 2011 年 9 月已增到 295 个数据集合,其中 2010 年剧增了 100 多个数据集,因此有人将 2010 年称作"关联数据年"。这些关联数据集所涉及的行业包括:大型媒体、商业企业、学术出版、图书馆、地理、政府部门和生命科学等领域,其中被其他行业频繁关联的数据集有维基百科数据(DBpedia)、GeoNames、DBLP Bibliography 等(详见图 5.2)。关联数据(Linked Data)一种很简单的技术,却正在使万维网发生质的改变。

2. 关联数据在国内的研究情况

2006 年,秦健撰写的《实践中的主题词表及其应用专辑:都柏林元数据年会论文选登》[②] 最早的将国外词表 SKOS 的实践介绍到了中国。同年,范炜撰写的《语义网环境中的叙词表实例研究——利用 SKOS 构造机器可理解的信息组织体系》[③] 意在探索利用 SKOS 构造机器可理解的信息组织体系,并且希望能够利用 SKOS 相关技术标准描述《中国分类主题词表》,建立同其他叙词

[①] Wolfgang Halb 等. riese – RDFizing &interlinking the EuroStat DatasetEffort [EB/OL]. [2013 – 09 – 10]. http://www.slideshare.net/mediasemanticweb/a – gentle – introduction – to – riese.

[②] 秦健. 实践中的主题词表及其应用专辑:都柏林元数据年会论文选登 [J]. 现代图书情报技术. 2006 (1): p. 1 – 2.

[③] 范炜. 语义网环境中的叙词表实例研究——利用 SKOS 构造机器可理解的信息组织体系 [J]. 情报科学. 2006 (7): p. 1073 – 1077.

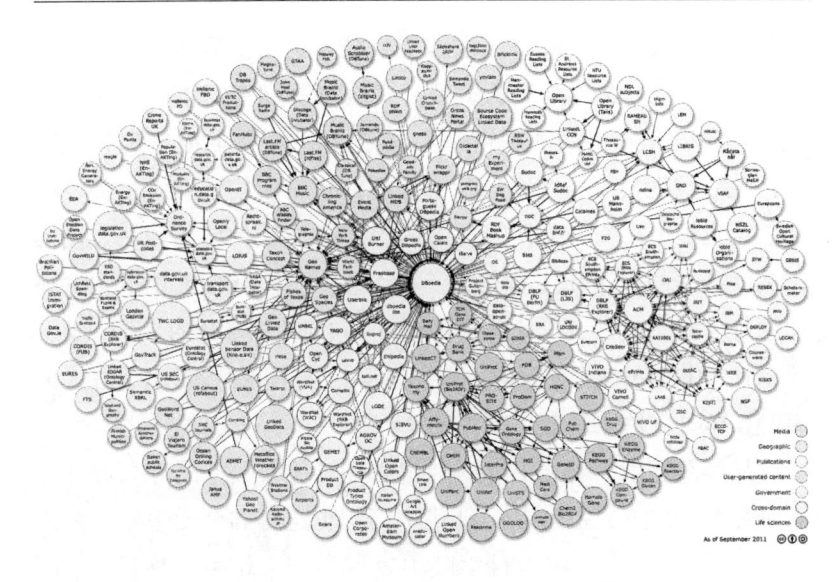

图 5.2 关联开放数据（LOD）云图①

表资源的关联关系，使中文叙词表与国际资源共享逐步接轨，充分提高叙词表资源的普及和利用。2009 年由上海图书馆副馆长刘炜组织的"元数据与语义技术和社会性应用"专辑，其中有两篇《将图书馆目录纳入语义万维网》② 和《LCSH，SKOS 和关联数据》③ 最早的将国外图书馆成功应用关联数据的案例介绍到国内。

2010 年 8 月 23 日在上海市普陀区图书馆召开"2010 图书馆前沿技术论坛：关联数据与书目数据的未来"专题会议，是国内图书馆领域首次召开的以"关联数据"为主题的研讨会，刘炜、林海青、白海燕等专家，分别从关联数据的效用、关联数据的实现、关联数据应用的典型案例、关联数据的知识产权等方面探讨

---

① LinkingOpenData［EB/OL］.［2013 - 09 - 18］. http：//www. w3. org/wiki/SweoIG/TaskForces/CommunityProjects/LinkingOpenData.

② Martin Malmsten 著, 李雯静译. 将图书馆目录纳入语义万维网［J］. 现代图书情报技术. 2009（3）：p. 3 - 7.

③ Ed Summers 等著, 姚小乐译. LCSH, SKOS 和关联数据［J］. 现代图书情报技术. 2009（3）：p. 8 - 14.

关联数据的发展。"2011图书馆前沿技术论坛：移动未来"专题会议上，曾蕾、刘炜等再次介绍了关联数据研究进展及相关的标准等。2012年在上海图书馆举办主题为"从文献编目到知识编码：关联数据技术与应用"的专题研讨班，云集了一大批关注关联数据发展的专家，共同探讨国内外相关领域的应用现状、图书馆关联数据的应用和技术实现、关联数据所涉及相关规范和法律问题等等。2013年12月在成都电子科技大学召开的Lib2.13会议，在BIBFRAME分会场大家共同探讨了对取代MARC格式的BIBFRAME关联书目数据模型的认识。

从实践探索来看，上海图书馆通过对关联数据的理念展开深入研究基础之上，探索Drupal将中国历史纪年和公元纪年对照表发布成关联数据[①]。中国科学院国家科学图书馆设有项目组，研究利用实现数字图书馆中数字资源与知识内容关联揭示的技术方法，并针对关联数据在图书馆中的应用及Web应用现状进行研究[②]。2010年中国科学院信息研究所的国家社会科学基金项目《基于关联数据的图书馆信息组织语义化研究》（编号：10CTQ009），参考相关书目本体（如MarcOnt Ontology），吸收FRBR/FRAD、OAI-ORE数据模型，利用Protégé构建了NSTL书目本体，从平面的MARC中分离出具有层次关系的不同信息实体，进而建立不同信息实体的关联关系，利用D2R关联数据开源软件发布关联数据[③]。纵观国内的关联数据研究情况来看，关联数据尚处在理论研究阶段，仍缺乏大量的实践探索。

---

① 夏翠娟等．关联数据的发布技术及其实现——以Drupal为例［J］．中国图书馆学报．2012（1）：p. 49 - 57.

② 沈志宏，张晓林．关联数据及其应用现状综述［J］．数字图书馆．2010（11）：p. 1 - 9

③ 白海燕，乔晓东．基于本体和关联数据的书目组织语义化研究［J］．现代图书情报技术．2010（9）：p. 18 - 27.

5.1.4 关联数据在图书馆的应用

1. 图书馆关联数据概述

图书馆界长期以来创建、积累和管理了大量宝贵的数据，特别是书目数据，但是，由于揭示、组织、管理这些数据资源的标准（如 MARC、Z39.50）和规范（如 AACR）比较封闭，图书馆数据没有整合成为网络资源，被封锁在数据库之中。关联数据的诞生，引起了图书馆领域的注意，图书馆一方面作为数据的发布者，另一方面又作为数据的消费者，显然不能游离于关联数据运动之外。

根据 Corey Harper 对"关联的图书馆数据"的总结，发布图书馆关联数据遵循的四条原则，即原则一：图书馆书目数据工作中的任何"资源"都应该在整个流程中尽早得到 URI；原则二：资源的属性可以用 URIs 标识；原则三：描述资源的词汇也可以用 URIs 标识；原则四：无论是资源、属性还是词汇都是能使用 HTTP 来访问的，而且当 URIs 被访问时，尽可能提供更多有用的信息[①]。可以说，图书馆中任何应用上述原则发布的数据都是图书馆关联数据。

那么关联数据会给图书馆带来怎样的变革呢？关联数据对图书馆的影响可以归纳以下几点：

（1）图书馆通过关联数据技术发布的数字对象，具有可共享、可重用、结构化和规范化的特性，提高 Web 中信息资源的可信度。

（2）将传统规范的书目数据进行格式转换，利用关联数据技术提供开放的元数据服务，让人们看到数据开放和普遍链接

---

① Corey A Harper. Linked Library Data and the Semantic Web. 17 September 2008 [EB/OL]．[2013-08-18]. http://www.kb.se/dokument/Bibliotek/utbildning/presentationer/20080917Harpey-rev.pdf

的潜力，使图书馆的书目数据开放成为未来发展的趋势。

（3）分类主题标引词表利用关联数据技术发布提供开放的元数据服务，实现词表的 web 应用。

（4）描述资源的规则注重实体间的关系描述，注重元素集关联数据形式的发布，资源揭示的粒度更加的细化，书目记录由基于"记录"转向基于描述，描述的元数据可以根据需要随时重组，整合了孤立的数据，使得同一作品的不同记录之间建立链接。

（5）可以实现跨平台、跨系统之间的通信，分布式环境下查询请求的语义理解。

（6）通过资源间关联关系的揭示，可以帮助图书馆用户发现更多潜在的数字资源。

鉴于关联数据给图书馆带来的种种益处，继 2008 年瑞典国家图书馆系统（LIBRIS）将自己的书目数据开放为关联数据之后，越来越多图书馆或机构将他们的书目数据、规范数据、受控词汇、元素集等发布成关联数据形式，如美国国会图书馆及其主题标目（LCSH）、法国国家图书馆（BnF）的 RAMEAU 主题标目、OCLC 的杜威分类法及国际虚拟权威档（VIAF）、STW 经济学叙词表、GEMET 环境叙词表、联合国粮农组织叙词表、RDA 等（详见"图书馆领域可用关联数据资源"）。

2. W3C 图书馆关联数据孵化小组

为了推动关联数据技术在图书馆领域的应用，2010 年 5 月 21 日 Tom Baker（DCMI 技术应用的倡导者）等牵头成立了 W3C 图书馆关联数据孵化小组（W3C Library Linked Data Incubator Group，LLD XG）（下文简称"小组"），参与者来自 23 个机构 51 人，其中特邀专家 13 人，凝聚了图书馆、博物馆、档案馆、出版业等相关领域关联数据技术先锋。自成立之日起，小组就确定自己的使命是通过带动更多的图书馆及相关领域的人参与语义网活动，特别是关注关联数据技术，应用现有的技术成果（如元数据模型、元数据模式、互操作标准与协议等），共同探讨关联数据技术应用的可能性和巨大潜力，帮助图书馆将有价值的数据（如书目数据、规范文档、概念模型等）发布到互联网中，实现同其他机构数据之间的互操作。为完成这一使命，小组开展了一系列活动，包括：①收集图书馆及相关领域应用关联数据技术比较成功的用例（use cases）并进行分析研究；②培养图书馆、档案馆、出版业等行业在发布关联数据方面的协作；③确定可实现语义互操作的数据模型、词表和本体等；④确定新标准和最佳实践模型；⑤确定发布关联数据的相关语义网技术；⑥提出未来接替小组工作的组织及其工作内容。

用例的收集和分析是其他活动成果的前提和基础，小组收集了50多个图书馆及相关领域应用关联数据技术比较成功的用例，并对其进行了分析研究，内容涉及书目数据、规范控制、词汇匹配、档案数据、参考引文、数字对象、资源集合、社会性应用等八类[1]。用例详细阐述如何应用"关联数据原则"描述图书馆及相关领域未来关联数据技术的应用前景，明确最佳用例和应用标准。每个用例的基本内容包括背景及现状、实现目标、关联数据技术在用例中的应用、用例的情景描述、相关词汇、面临的问题等。

3. 图书馆领域可用关联数据资源

成功地标识和重用已有的数据模型、元素集等对图书馆应用关联数据技术至关重要，但元素集间及数据模型间存在复杂的语义关系，导致重用的不确定性，为了更好的引导图书馆领域的关联数据活动，W3C图书馆关联数据孵化小组根据用例情况，整理了在图书馆领域创建和消费关联数据的可用资源集，这些资源集分为三类：元素集、属性值词汇和数据集。

---

[1] Daniel Vila Suero 等. UseCaseReport [EB/OL]. [2013-08-18]. http://www.w3.org/2005/Incubator/lld/wiki/UseCaseReport.

数据集是结构化元数据的集合，是描述图书馆相关资源的产物，如英国国家书目、匈牙利国家图书馆目录等。

元素集，又叫元数据元素集，是一个有命名空间定义了描述实体的类和属性的集合，如 DC 定义了元素"创作者"、"日期"、"题名"等，RDA 在开放元数据注册系统（Open Metadata Registry，简称 OMR）中定义了一套描述资源的元素集合。根据用例应用情况，W3C 图书馆关联数据孵化小组收集了一些采用 RDFS 编码已发布成关联数据形式的元素集（详见图 5.3）。

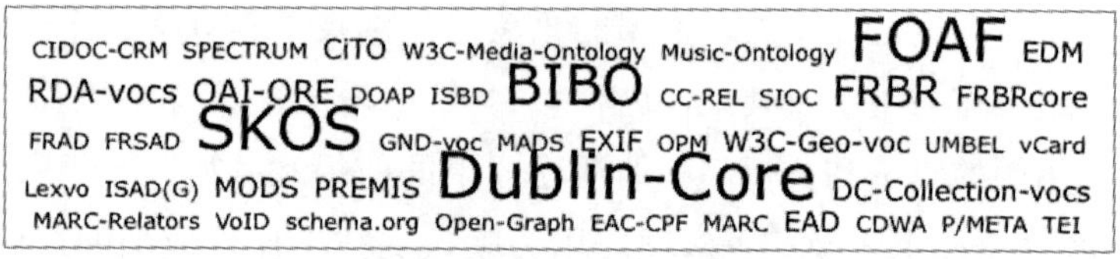

```
CIDOC-CRM  SPECTRUM  CiTO  W3C-Media-Ontology  Music-Ontology  FOAF  EDM
RDA-vocs  OAI-ORE  DOAP  ISBD  BIBO  CC-REL  SIOC  FRBR  FRBRcore
FRAD  FRSAD  SKOS  GND-voc  MADS  EXIF  OPM  W3C-Geo-voc  UMBEL  vCard
Lexvo  ISAD(G)  MODS  PREMIS  Dublin-Core  DC-Collection-vocs
MARC-Relators  VoID  schema.org  Open-Graph  EAC-CPF  MARC  EAD  CDWA  P/META  TEI
```

图 5.3　关联数据形式的元素集[1]

属性值词汇定义了元数据记录中元素（如主题、分类号、作者等）的取值范围，如 LCSH、DDC、UDC、AGROVOC 等。根据用例中属性值的使用情况，大致可分为分类法系统、主题规范、名称规范、叙词表、非控制词（如 DCMI type vocabulary、CC licence set 等）及其他资源（如 Wordnet、Freebase、DBpedia 等）等（详见表 5.1）。属性值词汇一般以 SKOS 或 OWL 形式发布成关联数据形式，在 Web 上成为开放、共享、具有相互联系并且可引的数据。此外，还有些属性值词汇正努力发布成关联数据形式，如：AAT、MeSH 等。

---

[1]　Paul Walk. LLD – Metadata ElementSet Tag Cloud［EB/OL］.［2012 – 09 – 18］. http://www.w3.org/2005/Incubator/lld/wiki/File：LLD － MetadataElementSetTagCloud. png.

表 5.1　已发布成关联数据形式的属性值词汇集①

分类	词表名称	代表用例
分类法系统	DDC	注册表中不同主题词表的浏览与搜索（Browsing and searching in repositories with different thesauri）、Pode 项目、Europeana 等
	UDC	Europeana
主题规范	LCSH	构件词汇（Component Vocabularies）、关于"博学者"的虚拟图书馆（Polymath Virtual Library）、数字文本存储（Digital text repository）等 http://www.w3.org/2005/Incubator/lld/wiki/Use_Case_Vocabulary_Merging
	RAMEAU	词汇整合（Vocabulary merging）
	SWD	20 世纪档案出版业的发行（Publishing 20th century press archives）、词汇整合（Vocabulary merging）
	NDLSH	词汇整合（Vocabulary merging）
名称规范	VIAF	关于"博学者"的虚拟图书馆（Polymath Virtual Library）、虚拟国际规范文档（Virtual international authority file (VIAF)）等
	ULAN	Europeana
	LC/NAF	回忆录（Recollection）
	GeoName	Pode 项目，20 世纪档案出版业的发行（Publishing 20th century press archives）、Europeana 等
叙词表	AGROVOC	联合国粮农组织 AGROVOC 叙词表（AGROVOC thesaurus）
	STW	W3C 案例研究（W3C case study）
	TGM	回忆录（Recollection）
	EURVOC	联合国粮农组织 AGROVOC 叙词表（AGROVOC thesaurus）

4. 建议及后续工作

W3C 图书馆关联数据孵化小组在综合考察了关联数据用例、

---

① Antoine Isaac 等. Vocabulary and Dataset [EB/OL]. [2013-08-18]. http://www.w3.org/2005/Incubator/lld/wiki/Vocabulary_and_Dataset.

发布的关联资源情况及应用中存在的问题等后，从图书馆领导、标准制定机构等角度为今后关联数据在图书馆的应用发展提出了以下几点建议：

（1）图书馆领导要尽可能早的确定图书馆可开发利用的关联数据，要促进关于开放数据和权限的讨论。

（2）制定图书馆标准的机构要积极参与制定语义网中关于图书馆领域的标准，制定出使图书馆数据符合关联数据的标准，宣传推广符合图书馆关联数据的最佳实践设计模型。

（3）数据和系统设计者要在关联数据基础上提升用户服务，为图书馆的款目创建 URIs，制定管理 RDF 词汇和 URIs 的策略，通过重用及对已有关联数据词汇的映射，描述本图书馆的数据。

（4）图书馆馆及档案管理员等专业人士的要保存和管理好图书馆关联数据元素和属性值词汇，吸收应用图书馆长期保存和维护关联数据集的经验。

2011 年 8 月 31 日 W3C 图书馆关联数据孵化小组解散，成立了图书馆关联数据小组，以 CKAN 为平台（Comprehensive Knowledge Archive Network，综合知识档案网络，由 Open Knowledge Foundation 维护，是一个数据中枢（Data Hub），收集了大量开放数据的数据包）继续收集发布图书馆领域发布的关联数据资源。在该平台目前有两个与图书馆领域密切相关的小组，即图书馆关联数据小组和书目数据小组，据统计图书馆关联数据组目前包含 20 个数据集，书目数据组包含 43 个数据集。

5.1.5 与关联数据相关的语义网技术

关联数据原则决定了关联数据独立于任何具体的技术和工具，只和相关的 web 标准有关。在多数情况下，关联数据的生成和消费无需改变原有的内容发布系统，只需在原有系统之上架构一层支持关联数据的应用模块即可。本部分笔者根据"W3C 图书馆关联数据孵化小组的最终报告"① 总结了一些主要的关联数据实现技术、工具和资源，如下：

1. 批量获取关联数据信息

解析 URIs 对自由使用、诊断数据、发现潜在资源意义重大，但是分布式数据集应对大批量的 HTTP GET 存在困难。关联的数据集以 RDFdump 格式发布，采用 VoID 词汇描述可以解决这一难题。VoID 词表是一个 RDF Schema 词表，是描述关联数据集的元数据，作为关联数据集和用户（人或机器）之间的桥梁，它包含数据发现、数据目录和数据存档②。用于帮助用户发现如 DBPedia 这样的海量关联数据集中的可用信息。

2. 关系数据库利用 D2R 发布关联数据

目前大量数据存储在关系型数据库中，若将这些数据发布成关联数据，就要在数据库前端利用 D2R 服务器将关系型数据转换成 RDF 模型。D2R 服务器是一个将关系数据库发布成关联数据视图的工具，依靠数据库图式和目标 RDF 术语间的映射声明，发布关联数据视图，并为数据库提供 SPARQL 终端。

3. SKOS 及相关工具

SKOS 本身就被定义为一个 OWL（网络本体语言）本体，是 RDF（S）的应用，扩展了 RDF（S）的描述能力，提供了表达各种受控词表结构和内容的通用框架，专用于设计术语表及叙词表，表达概念间关系。目前已有多个词表采用 SKOS 发布，如 LCSH、AGROVOC 叙词表等。SKOS 推到了关联数据技术的发展，因此，SKOS 及相关工具可以为关联数据所用。

---

① W3C. Draft Relevant Technologies［EB/OL］.［2013 - 10 - 12］. http：//www. w3. org/2005/Incubator/lld/wiki/Draft_ Relevant_ Technologies.
② Keith Alexander. Describing Linked Datasets with the VoID Vocabulary［EB/OL］.［2013 - 10 - 10］. http：//www. w3. org/TR/void/.

4. 微格式、微数据和 RDFa

微格式，微数据和 RDFa 提供了一种将格式化数据嵌入到 HTML 中的方法，并且能同其他关联数据实现互操作。

5. Web 应用框架（Web Application Frameworks）

典型的 Web 应用框架通常采用流行的 Model – View – Controller（MVC）模式、REST Architectural Style 和面向资源架构（Resource Oriented Architecture，ROA）等，这些架构能够很好地支持应用的创建、维护和重用。他们通常都包括一个通用的组件，即实现 URI 路由机制的模块，允许软件开发者定义一个 HTTP 形式的 URI，并将其映射到控制层，而后使用合适的视图（views）和模式（models）生成一个 HTTP 响应。这一点促进了 Cool URIs 的应用，并迫使开发者将资源发布在 web 上。关联数据正是用 HTTP URI 来命名资源，对人和机器分别使用不同的显示方式，如对人输出 HTML 格式，对机器输出 RDF 格式，这一点与 Web 应用框架的特点不谋而合。因而可以利用 Web 应用框架，方便地生成 RDF 格式的数据，并不比生成 HTML、XML 和 JSON 复杂。目前基于不同程序语言和不同操作系统的 Web 应用框架已经得到了十分广泛的应用。

6. 内容管理系统（CMS）

内容管理系统是建立在 Web 应用框架基础之上，自然要遵循 HTTP URI 命名规则，又由于 CMS 对内容结构的定义有着完善的支持，其后台数据库中存在着大量的结构化信息，因此关联数据的实现需要内容管理系统的支撑。一些内容管理系统，如：Drupal 在 HTML 中嵌入 RDFa 实现数据的结构化表达，对人和机器提供服务。

7. 针对关联数据的 Web services

理论上说，大部分基于特定领域的 web 服务 API 都可以重构为关联数据形式的 URIs、OWL、SPARQL，但即使在现有数据库的前端插入关联数据 URI，在后台数据库支持 SPARQL 访问也绝非是件容易的事情，大多数 Web 开发人员在利用此方法之前都要经历一个艰苦的学习过程，而 web servics 技术可以提供一种可选的解决方案。已经有少数关联数据应用开始利用 web services，提供 API 形式进行资源的发现和重用了，如 AGROVOC 和 STW 经济叙词表提供基于数据关系发现资源的 APIs。

5.2 RDA 为关联数据而生

5.2.1 RDA 改变书目环境

如前文所述，由于揭示、组织、管理这些数据资源的标准（如 MARC、Z39.50）和规范（如 AACR）比较封闭，图书馆数据没有整合成为网络资源，图书馆界以外的用户难以使用这些宝贵的数据资源，使得图书馆逐渐丧失在资源方面的优势。语义网相关技术的应用特别是关联数据技术，让图书馆领域开始思索如何将数据融入 Web，如何实现实体间的导航关系，如何实现使得图书馆的元数据得到最大化地再利用，如何让用户以新的方式获取更高品质的元数据等一系列的问题。RDA 的诞生首先从资源描述的内容规则方面改变了以往书目环境，主要表现在以下几个方面：

（1）适用范围：RDA 是为数字环境所设计的元数据内容描述标准，但也适用于对书本式、卡片式、自动化系统中进行的书目数据及规范数据描述。

（2）资源类型：为所有资源（即任何类型的内容和媒介，如内容涉及文字、地图、视听图形、立体资料；载体涉及到纸质、胶片、磁带与光学载体）的描述与检索提供了新的规则。

（3）继承与创新：RDA 是在《英美编目条例》（AACR2）基

础上修订，遵循《国际编目原则声明》（ICP），以 FRBR 和 FRAD 为理论基础，更加重视"实体"和"关系"的描述。即 RDA 继承了以往编目规则的优点，保存了 AACR2 中所抽象出来的元数据元素集（如题名、责任者、版本等），同时为了适应语义网环境下书目数据和规范数据的功能需求，又进行了自我创新，注重资源实体的标识及关联关系的表达。

（4）揭示粒度的变化：从信息组织的角度看，传统的书目记录是单个独立的记录，并且呈现平面性，缺乏同其他记录（如：规范记录）之间的关联。RDA 区分了不同的书目实体及属性特征，打破了传统书目组织模型的局限性，为数字环境下组织不同层次和不同颗粒度的信息资源提供了前提基础，实现基于信息实体关系的集中、区分和导航提供了基础，可以依据使用者需求提供不同方式的数据探勘及呈现。

（5）独立于编码格式：RDA 是内容规则，不是编码及显示标准。RDA 独立于编码格式，利用 RDA 进行地编目可以采取任何数据格式（如：XML、RDF、MARC 甚至自定义）。

（6）AACR 和 RDA 是两种不同的世界观：RDA 取代 AACR2，体现了两种不同的世界观，正如刘炜等在《RDA 与关联数据》中所说"RDA 就是旨在取代 AACR2（英美编目条例第二版）的新一代编目条例，这种变化不仅仅是简单的编目规则的变化，它其实反映了两种世界观的不同：AACR2 把知识世界看成是文献的空间，通过文献（记录有知识的一切载体）来管理和传播知识，文献需要区分种类，需要从各个角度、以各种指标和参数去描述和揭示，才能很好地利用；而 RDA 把知识世界看成是相互联系的各类实体的空间，这些实体对象有类型，有属性，有关系等，需要利用实体 – 关系方法进行分析建模"[1]。

（7）促进新系统的开发：目前，图书馆领域采用是整合性自

---

[1] 刘炜等. RDA 与关联数据 [J]. 中国图书馆学报. 2012（1）：p34 – 42.

动化系统，利用机读编目格式建立独立的书目记录，这些记录未与其他记录关联，而且著者、题名、主题、出版日期等以线性方式呈现。RDA 注重实体间的关联关系，这将激发图书馆领域开发出更好的系统，这样的系统将会重视记录之间的关联关系，注重对可用关联资源的参引，并且可以指出相关资源。

5.2.2 RDA 实体关联关系

传统的遵循 AARC2 进行的信息组织缺少层属关系及逻辑结构，结构扁平化的描述和组织使得信息资源很难按照各种表现形式聚类，且缺少对信息资源间关系的揭示，造成资源关系不清晰，影响信息资源的识别和选择，检索效果差，资源描述工作重复劳动等后果。RDA 基于 FRBR/FRAD，注重实体的识别和关联关系，通过实体、属性、关系的描述，实现对实体的识别和关联。在 RDA Toolkit 的附录中描述了四种关系，即：

（1）资源与资源之间的关系；

（2）资源与相关个人、家族和团体间关系（FRBR 第 1 组与第 2 组实体相互关系）；

（3）作品、内容表达、载体表现和单件间关系（FRBR 第 1 组实体内部关系）；

（4）资源与概念、实物、事件和地点间关系（FRBR 第 1 组与 FRBR 第 3 组实体关系）。

RDA 的各类实体内容各不相同，但各个实体又彼此关联（详见图4）。第一组实体之间存在的关系，作品通过内容表达实现，内容表现方面存在修订、翻译等多种关系；作品通过载体表现体现，载体体现存在纸版、电子版、复制等多种关系；作品通过单件例证；此外，作品之间也存在整体-部分关系（如：汇编作品）、衍生关系（如改编、续编、补编）、连续关系（如连续出版物）、附属关系（如书与随书光盘）。第二组实体对第一组实体负有责任，如第一组实体的作品可以由个人/家族/团体创造，内容表达可以由个人/家族/团体实现，载体表现可以由个人/家族/团体出版发行，单件可以由个人/家族/团体保管，此外，当第一组实体作品的主题为传记类文献时，其主题可以是个人/家族/团体的概念。第三组实体通过主题关系与第一组实体作品产生关联，该关联表示作品的主题可能是关于一个概念、实物、事件或者地点的。上述关系除了实现书目记录各个不同实体之间的关联，也揭示了书目数据与规范记录（如名称规范（个人、家族、地名等）、主题规范）之间的关联关系。关于实体属性及实体间关系的描述详见第 4 章 RDA 的内容结构。

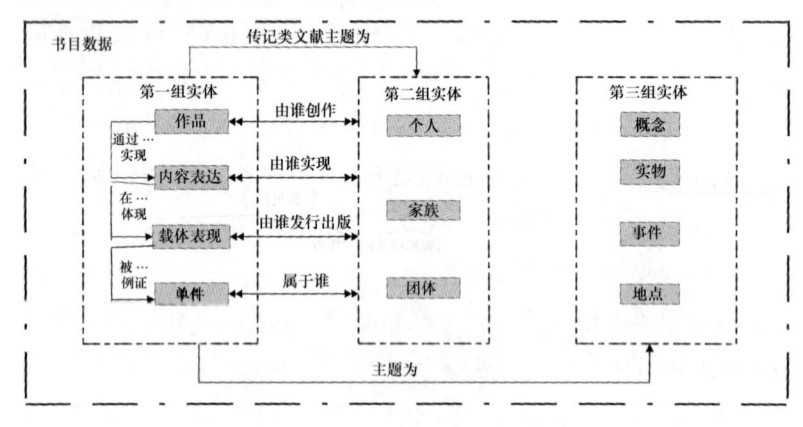

图 5.4　RDA 实体间关系图

在信息组织的过程中同一信息对象具有多种形式和形态特征，包括不同的载体形式、版本、语种、内容表现等，有必要按一定的特征进行汇集和聚类，帮助用户提高查询、识别和获取的效率。RDA 是基于 FRBR/FRAD 模型，该模型的基本元素是实体、关系、属性。实体具有各自的属性，通过对属性的描述区分了不同的实体，各个实体间的关系的描述是实体与实体间关联的表达工具。从书目数据的组成来看，RDA 抽取了书目数据中的各个实体，通过对实体属性的描述，区分了不同的实体，通过实体关系的描述又将各个实体重组成一个关联的描述组。以作品《雾都孤儿》为例，通过内容表达的"语种"（有英文、法文、中文等）、载体类型的"载体"（比如：电子版图书、纸版图书等）、"内容表现"（比如文本、电影等）等属性区分了不同的实体，而通过实体"作品"、"个人"、"主题"、"事件"等实体间的关联关系实现相关作品的聚合，比如，"作者＝狄更斯"，通过"作者＝狄更斯"这个实体，可以将所有"作者＝狄更斯"的作品进行关联，又或者通过题名，可以将关于"雾都孤儿"这一题名的相关作品进行关联，如图 5.5 所示。

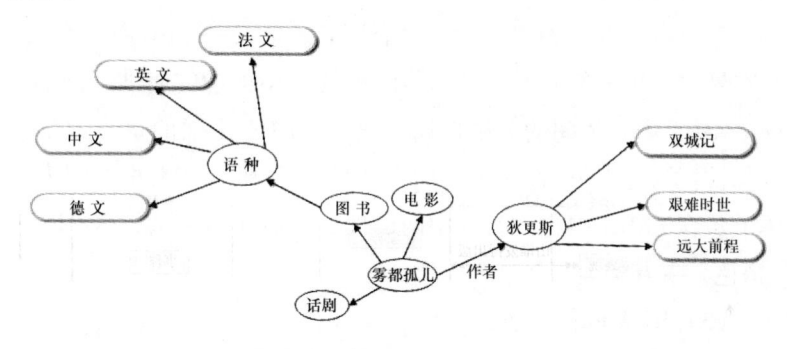

图 5.5　相关作品的聚合

5.2.3　RDA 的关联数据表达

1. RDA 的 RDF 化

RDA 的 RDF 化就是采用 RDF 数据模型将 RDA 所涉及的实体、元素、子元素及取值等发布成关联数据形式，让 RDA 成为一个现代的基于 Web 的元数据标准。为此，2007 年 4 月 DCMI 和 JSC 一致同意成立 DCMI/RDA 工作小组开发语义网格式下的 RDA 词汇，2008 年 5 月小组开始使用 NSDL 注册服务注册 RDA 词汇表。NSDL 注册服务是开放元数据注册系统（Open Metadata Registry，OMR）的前身，因该机构在 2010 年 7 月以前一直受美国国家科学数字图书馆（NSDL）的资金支持，所以当时叫 NSDL 注册服务。经过 DCMI/RDA 小组成员的数年的开发，终于完成了

RDA 所涉及的实体、元素集和取值词表的关联数据注册工作（详见表 5.2）。

（1）FRBR 实体

FRBR 实体是 RDA 元素集描述的总组织原则，它描述了在 RDA 中所使用的 FRBR 实体。FRBR 实体相当于 RDF 模型中的"类"（class），如《莎士比亚》和《麦克白》都是类"作品"，周树人和巴金都是类"个人"。

（2）RDA 元素集词汇表

类具有属性，如"作品"具有题名、责任者等属性；"个人"具有姓名、生卒等属性。类的属性相当于 RDF 中的属性（property）。RDA 中实体间的关系也属于属性。RDA 定义的每个数据元素都被视为是 RDF 的属性。目前 RDA 中注册的元素集词汇表总体上包含 FRBR 中各个实体中的属性、实体间的关系、RDARoles（角色）等 6 类元素集。

（3）RDA 取值词表

RDA 的取值词表是具体元素取值的规范列表，相当于当前实践中的规范控制。现有将近 70 个 RDA 取值词表，如：RDA Applied Material、RDA Aspect Ratio、RDA Book Format 等，详见表 6.2。取值词表采用 SKOS 编码，显示上下位类及相关类的关系，以 RDA 载体类型中的音频载体为例，音频载体类型定义 Audio carriers 为上位概念，其还定义了几个下位类 sound-track reel、audio disc 等。

表 5.2 在 OMR 系统中已经发布的 RDA 元素词表[1]

FRBR 实体
FRBR Entities for RDA（Class List）
RDA 元素集

---

[1] The RDA (Resource Description and Access) Vocabularies [EB/OL]. [2013-10-26]. http://metadataregistry.org/rdabrowse.htm.

续表

1. RDA Group 1 Elements	
2. RDA Group 2 Elements	
3. RDA Group 3 Elements	
4. RDA Relationships for Concepts, Events, Objects, Places	
5. RDA Relationships for Persons, Corporate Bodies, Families	
6. RDA Relationships for Works, Expressions, Manifestations, Items	
7. RDA Roles	

RDA 取值词表

1. RDA Applied Material	2. RDA Generation for Videotape
3. RDA Aspect Ratio	4. RDA Generation of Digital Resource
5. RDA Base Material	6. RDA Groove Pitch
7. RDA Base Material for Microfilm, Microfiche, Photographic Negatives, and Motion Picture Film	8. RDA Groove Width
9. RDA Book Format	10. RDA Groups of Books in the Bible
11. RDA Broadcast Standard	12. RDA Groups of Instruments
13. RDA Carrier Type	14. RDA Illustrative Content
15. RDA Choruses	16. RDA Instrumental Music for Orchestra, String Orchestra, or Band
17. RDA Colour	18. RDA Layout
19. RDA Colour of Moving Image	20. RDA Layout of Cartographic Images
21. RDA Colour of Still Image	22. RDA Layout of Tactile Music
23. RDA Colour of Three-Dimensional Form	24. RDA Media Type
25. RDA Configuration of Playback Channels	26. RDA Medium of Performance
27. RDA Content Type	28. RDA Mode of Issuance
29. RDA Conventional Collective Titles	30. RDA Other Distinguishing Characteristics of the Expression
31. RDA Digital Representation of Cartographic Content	32. RDA Other Distinguishing Characteristics of the Expression of a Legal Work

	续表
33. RDA Emulsion on Microfilm and Microfiche	34. RDA Other Distinguishing Characteristics of the Expression of a Musical Work
35. RDA Encoding Format	36. RDA Other Distinguishing Characteristics of the Expression of a Religious Work
37. RDA Extent of Cartographic Resource	38. RDA Polarity
39. RDA Extent of Notated Music	40. RDA Presentation Format
41. RDA Extent of Still Image	42. RDA Production Method
43. RDA Extent of Text	44. RDA Production Method for Manuscripts
45. RDA Extent of Three-dimensional Form	46. RDA Production Method for Tactile Resources
47. RDA File Type	48. RDA Recording Medium
49. RDA Font Size	50. RDA Reduction Ratio
51. RDA Form of Musical Notation	52. RDA Scale
53. RDA Form of Notated Movement	54. RDA Solo Voices
55. RDA Form of Tactile Notation	56. RDA Sound Content
57. RDA Format of Notated Music	58. RDA Special Playback Characteristics
59. RDA Frequency	60. RDA Standard Combinations of Instruments
61. RDA Gender	62. RDA Status of Identification
63. RDA Generation for Audio Recording	64. RDA Track Configuration
65. RDA Generation for Microform	66. RDA Type of Recording
67. RDA Generation or motion Picture	68. RDA Video Format

RDA中所涉及的元素、子元素、元素类型等均作为实体，赋予URI并编码成RDF模式，内容和载体类型均用SKOS进行编码并赋予URI，形成了有关RDA本体模型的关联数据。为方便人类可读，每个词汇还赋予了人类可读的"标签"及"语种"类别，提供子类、历史变更及维护信息等内容，此外，每个注册的资源还显示出资源之间的类型/子类型、属性/子属性和关系。虽然RDA已经完成注册工作，但是OMR上发布的RDA本体并未得到

JSC 官方的明确认可，JSC 相关各方是否还会"正式"发布 RDA 的其他命名域尚未可知。不管怎样，RDA 注册的影响不可忽视，已形成 RDA 本体模型的关联数据有利于提高互操作性及实现元数据国际化。

2. 书目记录的 RDF 表达

图书馆的数据若想成为 Web 数据，其表达需要超越记录层，达到更细粒度的数据层。RDF 三元组表达满足了这一需求，所有的描述都是基于陈述而非记录。RDA 注册的元素集词汇，在 RDF 三元组充当谓词的角色，是受到规范控制的词汇，更加方便实现互操作和资源复用。书目记录的 RDF 表达是为了实现数据的结构化，让机器可理解可处理。RDF 三元组主体-谓词-客体是动态的元数据，这些元数据可以根据需要随时进行重组，使得数据记录与数据展示可以分离。下面是一条遵循 AACR2 规则编制的书目数据，可以将该书目数据转换成遵循 RDA 规则，突出实体识别和关系描述，采用 RDF 模型描述的书目数据，每个 RDF 三元组的谓词都是来自 RDA 的注册词汇，比如首选题名（preferredTitle）来自开放元数据注册中 RDA 注册的词汇，采用此 URI（http://rdvocab.info/Elements/preferredTitle）标识，然后可以根据 RDA 的 Schema 中所定义的关联关系拼装成一条条记录（如图 5.6 所示）。此外，三元组的主体与客体也可以是采用 URI 标识的资源，比如作品 *The holy sonnets of John Donne*，其可以用 http://lccn.loc.gov/2004268202 标识，作品的客体-作者属性值可以是字符串值 John Williams，也可以是来自 VIAF 中有 URI 标识的规范文档。当 RDF 三元组主体-谓词-客体的取值都取自有 URI 标识的资源时，此时就实现了真正意义的关联，通过实体的相关关系提供强大的知识导航。图书馆的书目数据遵循 RDA 规则描述，采用 RDF 模型表达，首次实现了图书馆编目数据以语义网格式的表达。

010　　　　2004268202

040　　　MYMaRBN MYMc RBN MYMd OCL MYMd IUL MYMd OCL MYMd JNA MYMd OCL MYMd NZCPL

028 00 MYMa417 428 – 2 MYMbLondon

050　4 MYMaM1500. B827 MYMb H6

100 1　MYMaBritten, Benjamin, MYMd 1913 – 1976.

240 10 MYMaVocal music. MYMk Selections

245 14 MYMaThe holy sonnets of John Donne MYMh [sound recording] ; MYMb

Songs and proverbs of William Blake ; Billy Budd / MYMc Britten.

260　　　MYMaLondon : MYMb London, MYMc [1989]

300 3　MYMa sound discs : MYMb digital, stereo. ; MYMc 4 3/4 in.

500　　　MYMaCompact discs; analog recordings.

505 0　MYMaThe holy sonnets of John Donne, op. 35 – – Songs and proverbs

of William Blake, op. 74 – – Billy Budd, op. 50.

650 0　MYMaSongs (High voice) with piano.

650 0　MYMaSongs (Medium voice) with piano.

650 0　MYMaOperas.

600 10 MYMaDonne, John, MYMd 1572 – 1631 MYMv Musical settings.

600 10 MYMaBlake, William, MYMd 1757 – 1827 MYMv Musical settings.

700 10 MYMaDonne, John, MYMd 1572 – 1631.

700 10 MYMaBlake, William, MYMd1757 – 1827.

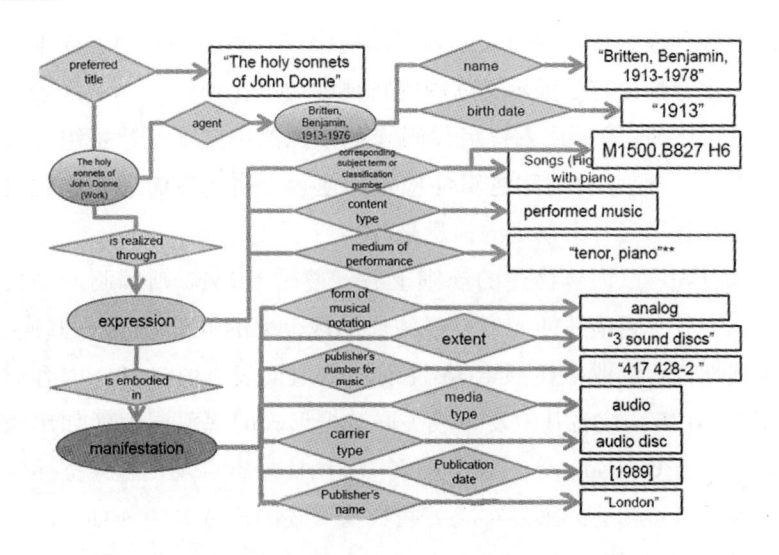

图 5.6　作品 *The holy sonnets of John Donne* 的 RDF 表达①

3. 可用关联资源的复用

大卫．温伯格的著作"要以多样化的方式共同组织事物",表达对事物组织方式多样化的认可。事物组织方式多样化同样适合信息组织领域,在关联数据背景下,数据的参引及被参引是常态化发展方向,书目数据的组织也不例外。首先,从元素集上看,RDA 是新的资源描述内容标准,且已发布成关联数据形式,在语义网背景下其可以与其他元素集(如:DC 元数据、MODS、书目本体 BIBO(Bibliographic ontology,书目本体)等)及编码方案(MARC、BIBFRAME 等)的元素集建立映射关系;其次,从书目数据的构成来看,书目数据一般包含描述性内容和主题性内容。描述性内容是对文献的外部特征,如题名与责任者、出版发行、物理形态等方面进行准确描述,然后再对以上著录的内容

---

① Kimmy Szeto. A Brief Introduction to RDF/Linked Data and RDA Registered Properties [EB/OL]. [2013-10-26]. http://connect.ala.org/files/41352/ALA_CAMMs_2012_RDFLD_szeto_forPosting.pdf.

加上各种检索点，如个人或者团体检索点、各类型的题名检索点等。主题性内容是揭示文献内容特征的规范化词汇（如：汉语主题词、LCSH 等）或者特定代码（如中图法中的字母数字组合成的类号），是学科性和逻辑性检索的途径。描述性内容和主题性内容在著录时各有规定的信息来源。

　　首先，从内容描述的规则上看，遵循 RDA 规则编制的书目数据，其书目描述的元素是经注册的规范化的 RDA 词汇；其次，描述性内容的取值按照 RDA 注册的取值词表取值（如，内容类型：text 等）或者其他发布成关联数据形式的规范词表（如出版地可取自 Geoname 等）；再者，个人/团体检索点及主题性描述内容可以取自其他外来发布成关联数据形式的规范词表（如 VIAF、LCSH、DDC 等）。关联开放数据（LOD）及 W3C 小组发布了大量已经发布成关联数据形式的词汇（详见 5.1.3 及 5.1.4），有些资源通过参引 URI 可以在书目数据中复用，实现数据之间的普遍关联及提供开放元数据服务。以作品 *The organization of information* 为例（见图 5.7 作品 *The organization of information* 资源复用描述），lccn 的唯一记录号 http：//www.lccn/12345 标识的资源作为 RDF 三元组的主体，作者、主题、题名、内容类型、内容语种、载体类型等都是开放元数据中注册的 RDA 词汇，做 RDF 三元组的谓词，内容类型、内容语种、作者、主题等的取值做 RDF 三元组的客体。内容类型、内容语种等谓词的取值复用 RDA 注册词表内容表达及载体表现的注册属性值，作者取值可参引 VIAF 的规范信息（比如 Taylor 是来自 http：//viaf.org/viaf12345 标识的 VIAF 资源），主题取值可参引已发布成关联数据形式的 LCSH、MeSH 等，出版地信息可以复用 Geoname 中的信息，分类号可以取自已发布成关联数据形式的分类资源，如 UDC、DDC 等。从上述这个案例，可以看出 RDF 三元组主体－谓词－客体都是有 URI 标识的资源，通过参引资源标识 URI 复用了资源，一方面，将外部知识库的数据整合到图书馆系统；另一方面，通过资源的关联

第 5 章　RDA 与关联数据　　111

也将图书馆的资源呈现到图书馆以外的领域，提供图书馆资源的可视化，实现了真正意义的关联数据。可用关联资源的复用，将对图书馆系统的改进起到促进作用，图书馆的系统需要嵌入来自外部的可用关联资源，如 LCSH、VIAF、DDC 等，帮助图书馆实现机助人工的半自动编目，在检索结果的显示方面通过概念的相关关系提供强大的知识导航功能。

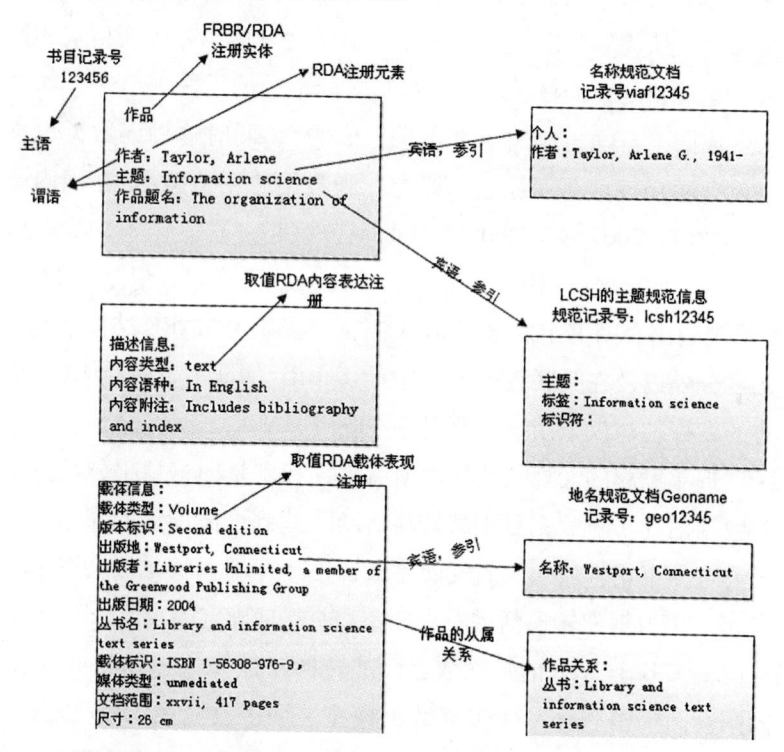

图 5.7　作品 *The organization of information* 资源复用描述

5.3　关联书目数据模型 BIBFRAME

5.3.1　BIBFRAME 概述

为了在数字时代共享书目数据，1966 年美国国会图书馆研发了机读目录（Machine-Readable Cataloging，MARC）格式。自MARC诞生以来，其在数据的存储、保管、交换等方面发挥着重要作用，目前的书目数据系统绝大多数采用MARC这一编码格式。虽然MARC随着图书馆信息环境的变化不断完善自己，但是近年对这一图书馆专用标准，质疑声仍然越来越大。2008年美国国会图书馆"书目控制未来工作组"在考察图书馆未来书目发展技术时，认为MARC格式已经跟不上时代发展，呼吁新格式的诞生，这种新的数据格式能够兼容和区分不同的元数据形式（如专家生成的、自动生成的或者用户生成的），同时这种元数据也可以包含注释信息（如综述、评论）和数据使用信息[1]。在国内图书馆领域，2007年至2008年期间也曾掀起一波"让MARC安乐死"的讨论高潮。RDA虽说独立于任何编码格式，但是2011年6月美国国会图书馆发布了RDA测试报告认为MARC结构阻碍了元素分隔以及在关联数据环境中使用URL的能力，影响RDA优势的发挥，建议采用新的数据格式取代MARC。

近年掀起的大规模关联数据活动，特别是图书情报领域的关联数据活动，对"书目框架转换活动"起到推波助澜的作用。为了迎合图书馆领域未来的发展要求，2011年5月美国国会图书馆发起"书目框架转换活动"，该活动主要是确定MARC21交换格式向更多基于Web的关联数据标准转换路径[2]。由Zepheira和美国国会图书馆联合开发关联数据模型、词汇及应用工具/服务支撑这一活动。书目框架（Bibliographic Framework，BIBFRAME）是由以上两家单位联合开发的关联书目数据模型。BIBFRAME的诞生为未来网络世界书目描述带来以下改变：

---

[1] On the Record: Report of the Library of Congress Working Group on the Future of Bibliographic Control [EB/OL]. [2013-11-08]. http://www.loc.gov/bibliographic-future/news/lcwg-ontherecord-jan08-final.pdf

[2] The Bibliographic Framework Initiative (BIBFRAME) [EB/OL]. [2013-11-08]. http://bibframe.org/.

（1）明确区分概念内容和物理载体表现（如作品和实例）
（2）明确关注标识信息的实体（如规范）
（3）揭示和展示实体间及实体内部的关系

BIBFRAME 为图书馆的长远发展，谋求一种新的书目框架环境，使图书馆成为"网络中心"并且普遍关联。为创建这一新的书目环境，BIBFRAME 模型在设计时就计划要达到以下几点要求：

（1）广泛的兼容内容规则和数据模型（如：RDA，DACS，CCO 等）
（2）支持或兼容与书目描述有逻辑关系的数据类型（如馆藏、规范、分类、版权等）
（3）文本数据与取代文本用 URI 标识的关联数据并存
（4）考虑不同类型及规模图书馆的需求
（5）继续维护 MARC 直至不再需要
（6）与基于 MARC 的记录兼容
（7）提供由 MARC21 向新书目环境转换的途径

5.3.2　BIBFRAME 模型及词汇

1. BIBFRAME 模型

在网络世界能以一种方式引用图书馆数据是很有必要的，不仅能区分概念作品和作品表现的详细物理载体信息，而且能明确识别资源创作者和与资源相关概念的实体。传统图书馆通行的做法是整合概念作品和物理载体信息，利用字符串进行标识，集中创建编目记录，并且编目记录独立理解。现在提议的 BIBFRAME 模型鼓励创建明确标识的实体，使用与机器友好的标识，使机器能够理解和处理这些实体。那么 BIBFRAME 模型包含哪些实体呢？BIBFRAME 模型考察了以往的关联数据的成功案例，从中吸取建模的经验，设计了含有 4 类实体的模型，即：

（1）创作性作品（Creative Work）：反映编目资源概念实质

的资源，不同于 FRBR/RDA 中作品，相当于其实体中作品（Work）和内容表达（expression）。

（2）实例（Instance）：反映作品的个例的物理载体表现的资源，相当于 FRBR/RDA 中载体表现，一个作品可以对应多个实例，但一个实例只能对应一个作品，而且每个实例都用 URI 标识。

（3）规范（Authority）：反映关键规范概念的资源，这种关键概念定义了作品和实例所反映的关系。规范资源包括：人物、地点、主题、机构等。提供一个轻量级的抽象层，使 Web 级的规范控制更为有效。

（4）注释（Annotation）：提供更多关于 BIBFRAME 作品、实例、或规范的描述信息。可以为作品提供评论、目录、摘要等信息，可以为实例提供封面、馆藏等信息，可以为名称规范提供作者的传记信息等，此外，还可以提供管理性元数据，如，提供 MARC 记录 040 字段中的著录/转录机构的信息。在已提交的注释模型草案中，目前注释模型提供 4 个核心类，即：bf：CoverArt（封面）、bf：Holding（馆藏）、bf：Review（评论）、bf：Description（描述），其中 bf：Description 还有 3 个子属性，即：bf：Summary（概述）、bf：Abstract（摘要）、bf：TableOfContents（目录）[1]。

同 RDA 一样，BIBFRAME 也注重实体属性特征及实体与实体间关系的描述，通过属性特征区分实体，通过实体的属性关系各个实体又相互关联。如图 5.8 所示，出版地和出版者是"实例"的属性，而通过"出版地"、"出版者"属性可以与实体"规范"产生关联；如前文所述，"注释"是对其他核心类元素的补充，可以为"作品"提供"评论"、"目录"、"摘要"等信息，

---

[1] Ray Denenberg. BIBFRAME Annotations model [EB/OL]．[2013-11-08]．http://bibframe.org/documentation/annotations/

第 5 章　RDA 与关联数据

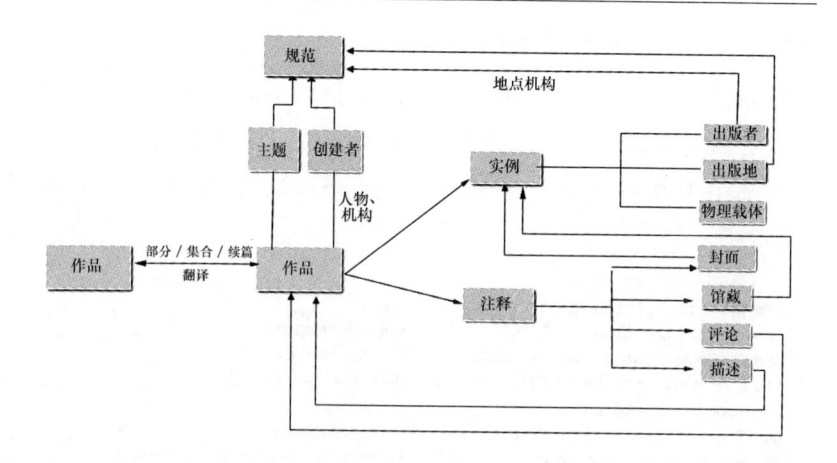

图 5.8　BIBFRAME 实体关系图

可以为"实例"提供"封面"、"馆藏"等信息，可以为"名称规范"提供"作者"的传记信息等，通过注释信息可以与"作品"、"实例"、"规范"产生关联关系；"作品"与"作品"之间也存在各种关系，如整体与部分关系、继承关系等；"作品"与"规范"之间通过"主题"、"作者"属性产生关联，可以说，各个实体之间通过"属性（类）"形成一个相互关联的实体描述组。BIBFRAME 是关联的书目数据模型，利用稳定的标识符明确标识不同的实体，从抓取和记录图书馆详细描述信息的重点转移到标识和建立资源间的关系。采用 BIBFRAME 编制的书目数据，所有的描述基于陈述，通过实体间"属性（类）"的传导产生关联，可以重组成紧密连贯的书目集合，在粒度可以完成更精准的联合编目。关联数据技术让 Web 成为数据的架构体系，图书馆领域 RDA 和 BIBFRAME 的结合使用，将会促进图书馆数据成为数据 Web 的一部分。

2. BIBFRAME 词汇

前文讲到 Zepheira 和国会图书馆联合开发关联数据模型、词汇及支撑书目框架转换活动的应用工具/服务。经 Zepheira 和美国国会图书馆 2 年多的努力研发，在 http://bibframe.org/vocab/ 上陆续发布了一套元数据词汇集，这套元数据词汇集包含：实体、属性及资源类型取值。据笔者统计目前已发布 250 多个词汇，每个词表都用 URI 标识并赋予标签（见图 5.9），词表还在不断更新中。

URI	Label
http://bibframe.org/vocab/Agent	Agent
http://bibframe.org/vocab/otherEdition	Has other edition
http://bibframe.org/vocab/serialLastIssue	Serial last issue
http://bibframe.org/vocab/unionOf	Union of
http://bibframe.org/vocab/frequency	Frequency
http://bibframe.org/vocab/serialFirstIssue	Serial first issue
http://bibframe.org/vocab/issn	International Standard Serial Number
http://bibframe.org/vocab/nban	National bibliography agency control number
http://bibframe.org/vocab/upc	Universal Product Code
http://bibframe.org/vocab/issue-number	sound recording publisher issue number
http://bibframe.org/vocab/languageNote	Language note
http://bibframe.org/vocab/index	Has index
http://bibframe.org/vocab/relatedWork	Related work
http://bibframe.org/vocab/duration	Duration
http://bibframe.org/vocab/contains	Constituent
http://bibframe.org/vocab/doi	Digital Object Identifier
http://bibframe.org/vocab/geographicSubject	Geographic Subject
http://bibframe.org/vocab/classEdition	edition of class scheme
http://bibframe.org/vocab/annotates	Target of Annotation
http://bibframe.org/vocab/TemporalConcept	Temporal Concept
http://bibframe.org/vocab/annotationAssertedBy	Annotation asserted by
http://bibframe.org/vocab/descriptionRole	Role with respect to the description
http://bibframe.org/vocab/Person	Person
http://bibframe.org/vocab/Place	Place

图 5.9 已发布的 BIBFRAME 词汇集示例

就资源类型来看，目前 BIBFRAME 描述的资源仅限于创造性作品的子类资源类型界定。BIBFRAME 综合参考了 MODS、MARC、RDA 内容列表、都柏林核心（Dublin core）资源类型、Schema.org（限于网络资源类型，如：媒体对象）等，初步发布了如下 14 种创造性作品的资源类型[①]：

---

① Rebecca Guenther. BIBFRAME Resource Types Discussion Paper [EB/OL]. [2013-11-08]. http://bibframe.org/documentation/resource-types/.

- 语言资料，地图 Language material，Cartography
- 数据集 Dataset
- 乐谱、舞谱 Notated music，Notated movement
- 音频资料 Audio
- 静态图像 Still image
- 动态图像 Moving image
- 三维物体 Three dimensional object
- 软件与多媒体 Software/multimedia
- 混合资料 Mixed material
- 资源集合 Collection
- 手稿 Manuscript
- 触觉资料 Tactile

BIBFRAME 将来可能会根据需进一步扩充资源类型。在 BIB-FRAME 资源类型草案中，BIBFRAME 资源类型提供了同 RDA 内容类型和都柏林核心（Dublin core）资源类型之间的映射。此外，需要说明媒体、载体类型、数字化等物理载体是"实例"的资源类型，而非"作品"的资源类型。

3. BIBFRAME 测试及工具

目前，BIBFRAME 模型正在进行早期实验，英国国家图书馆、德国国家图书馆、乔治·华盛顿大学图书馆、美国国立医学图书馆、OCLC 及普林斯顿大学图书馆等应用 BIBFRAME 进行了转换测试。通过 Gadget inspector 检测工具对 MARC 书目数据进行分析，抽取 MARC 数据中的实体与元数据元素，建立 MARC 数据与 BIBFRAME 词汇的映射，然后转换成采用 BIBFRAME 编码的书目数据。目前发布的测试样本，包含普通图书、地图、文集、缩微品等资源类型。测试的结果采用 Exhibit 3.0（是大规模丰富数据交互网页的发布框架）发布，显示类似于分面 OPAC，左侧提供作者、主题、载体类型、分面限定项等，如图 5.10 所示。

目前，BIBFRAME 提供 2 类分析评估 MARC 书目数据采用

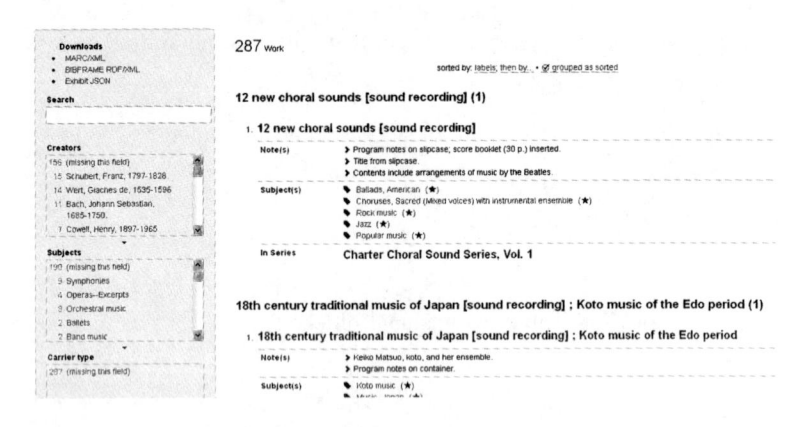

图 5.10　BIBFRAME 测试结果显示

BIBFRAME 模型应用情景的支持服务/工具，即：①比较服务：针对 LC 的 MARC 记录，只要输入 001 字段值或 LCCN 号，可以显示 MARC/XML 记录和 BIBFRAME RDF/XML 记录；②转换服务：提交 MARC/XML 记录（联机网址或直接粘贴文本），由 Exhibit 转换后以 BIBFRAME 资源呈现，并且转换结果可下载。

5.3.3　RDA 与 BIBFRAME

RDA 是一种新的编目内容标准，规定了文献编目工作的著录内容，不是编码标准。RDA 独立于任何编码格式（如：UNIMARC, MARC, MARCXML 等）。在 RDA 发布的测试报告中认为 MARC 结构阻碍了元素分隔以及在关联数据环境中使用 URL 的能力，认为 MARC 阻碍了 RDA 优势的发挥，建议采用新的数据格式取代 MARC。从编码格式上看，BIBFRAME 意在取代 MARC 成为语义网应用中新的书目数据编码格式。从模型上看，RDA 基于 FRBR/FRAD，实体为 WIMI（作品、内容表达、载体表现和单件），BIBFRAME 实体为 WIAA（作品、实例、规范、注释）。BIBFRAME 模型中的作品不同于 FRBR/RDA 中作品，其相当于 FRBR/RDA 实体中作品和内容表达；BIBFRAME 的实例相当于 FRBR/RDA 中载体表现及单件。从元素上看，BIBFRAME 诞生之时就申明要广泛适应内容规则和数据模型,同为关联数据而生,因此,BIBFRAME 兼容 RDA 是合情合理的,BIBFRAME 在创建词汇时参考了 RDA 词汇集。从发展程度上看,BIBFRAME 处于起步阶段,模型、词汇、复用等问题仍有诸多有待改善的地方,RDA Toolkit 也一直在不断完善中,不管怎样 RDA 与 BIBFRAME 目的是一致的,探索如何将图书馆的数据发布成关联数据形式,成为 Web 数据,帮助用户发现更多潜在资源。

5.4 关联数据对信息组织的影响

信息组织,是为了帮助人们检索、获取信息而将庞杂、无序的信息进行系统化和有序化的过程。信息组织是对信息资源的组织,从文献编目衍生而来,其所涉及的内容包含:信息组织的工具、信息组织的规则、信息组织成果,信息组织的编码。信息组织的工具,也即知识组织系统(Knowledge Organization Systems,KOS)是对人类知识结构进行表达和有组织地阐述的各种语义工具(Semantic tools)的统称,包括分类法、叙词表、语义网络、概念本体,以及其他情报检索语言与标引语言[①]。信息组织的规则,即内容描述规则规定了从哪些方面描述信息资源,如 ISBD、AACR2、RDA。信息组织的成果,是遵循信息组织的规则,利用信息组织的工具及编码方式对信息资源进行揭示、序化及组织的成果,包括传统意义上的书目数据、目录式搜索引擎、索引、网络环境中学科导航等。信息组织的编码体系,是结合元数据方案,完成对资源的形式化表达、呈现,实现资源间的互操作。关联数据技术作为一种新的数据发布技术,从信息组织的内容规则、编码方式、属性取值及成果等方面影响着信息组织(如图

---

① 曾蕾. 从情报检索语言到网络环境下的知识组织系统(NKOS)和语义工具(2007.12.21)[EB/OL]. [2013-11-08]. http://www.libnet.sh.cn/upload/htmleditor/File/071224040537.pdf.

5.11 所示)。

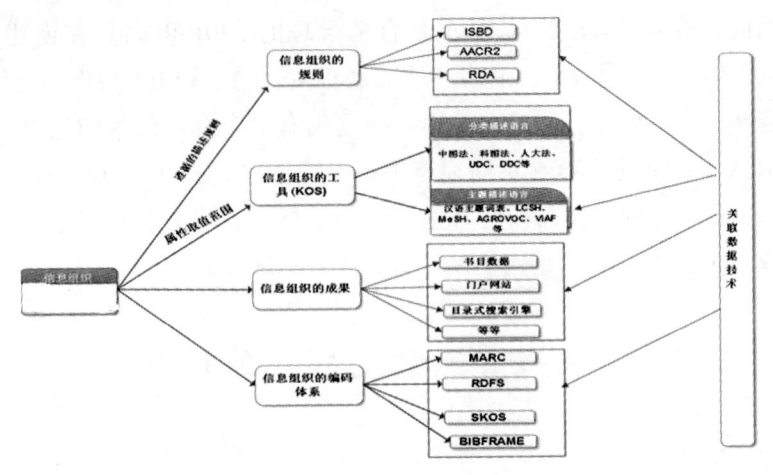

图 5.11 关联数据影响信息组织图示

知识组织系统是随着二次文献库的发展而产生的，是对词汇进行规范控制的词表。早期的手工式的词汇规范控制及语义标注，随着计算机技术的出现已不再适用。为适应发展需求，知识组织系统经历了从卡片式、书本式向机读化形式（MARC 权威文档格式）转变，机读化形式虽然比早期的手工标引前进了一步，但该格式只能为图书馆特定系统所用的格式，各个规范词表之间无法互相兼容及建立映射，无法被整个万维网所通用。再者，我们几十年如一日地把知识组织系统当作学术信息标引辅助工具，而不把它作为网络信息资源内容导航和自动链接的工具，使得知识组织系统的生存堪忧。1998 年数字图书馆大会上提出成立"网络知识组织系统（NKOS）工作组"，将研究重点转向了网络环境下的知识组织方法，可以说是网络知识组织系统发展的转折点和新的起点。近年语义网相关技术的发展，特别是关联数据技术的应用，使得传统的网络信息组织系统再次受到考验，是选择消亡还是选择换种方式存在，明智之举当然是选择换种存在方式，实现词表的 Web 化，让机器可读可理解，例如 LSCH 采用 SKOS

(SKOS 是 RDF（S）的应用，其丰富扩展了 RDF（S）的描述能力，提供了表达各种受控词表结构和内容的通用框架）编码发布成了关联数据形式，用 URI 标识每个概念，通过参引 URI 复用这一概念，此外，还描述了概念之间的相关关系，比如上/下位及相关类的关系。在 W3C 图书馆关联数据孵化小组中收集已发布成关联数据形式的知识组织系统，包含：分类法系统、主题规范、名称规范、叙词表等（详见表5.1）。在进行信息资源组织时通过参引此类资源的 URI，对信息资源进行分类主题标引，揭示资源之间的关联关系。

图书馆中长久以来存在大量有价值的书目数据，但是由于揭示、组织、管理这些数据资源的标准、规范及编码方式比较封闭，使得图书馆数据没有整合成为网络资源，图书馆界以外的用户难以使用这些宝贵的数据资源。关联数据背景下，研发的新的规则和编码取而代之是发展的必然趋势，因此，前文提过的 RDA 取代 AACR2 及 BIBFRAME 取代 MARC 是发展的必然要求。传统的资源描述标准及编目方式造成了书目数据的固步自封，一方面，从研发新的规则和编码使在该条件下编制的书目数据顺其自然成为关联数据；另一方面，针对图书馆存在的大量遗留书目数据，世界各国图书馆也纷纷探索将遗留的书目数据发布成关联数据形式，如：瑞典国家图书馆探索将图书馆目录纳入语义万维网；法国国家图书馆发布了1,200万条书目数据的关联数据[1]。

受语义网背景下关联数据技术的影响，信息资源组织无论从内容规则（如 RDA）、分类标引工具还是编码体系（如 BIBFRAME）来看都更加重视实体间的关联关系。信息组织揭示的粒度更加的细化，从以前是对文档整体进行揭示，到现在对数据单

---

[1] Use case data BNF [EB/OL]. [2013 – 11 – 10]. http：//www.w3.org/2005/Incubator/lld/wiki/Use_Case_Data_BNF.

元进行组织。组织工具注重语义化表达，从传统的纸版、电子版及网络版组织工具向语义环境下发展，如 LCSH、DDC、UDC 等利用了 SKOS 发布成了 Web 可用的关联开放词汇。信息组织的编码方式与信息组织工具、成果及信息组织的规范密切相关，编码方式成为语义网背景不可忽视的一部分。编码从机器可读向机器可理解可处理发展，表现在编码方式从 MARC、HTML 等向语义化的编码方式 RDFs、SKOS、OWL、BIBFRAME 转变。信息组织的规则作为信息组织的基石，必然首先要向语义化演化，从传统的缺乏关联关系描述的扁平化结构描述规则（如：AACR2、ISBD）向注重实体识别与关联的 RDA 转变。关联数据背景下，无论采取何种规则、模型、语义工具及编码，信息组织的最终目的是通过实体的识别与关联描述，提高元数据质量，降低数据存储成本，实现数据开放与普遍关联，帮助用户发现更多潜在的资源。

第6章　境外主要机构 RDA 实践

在历经修订、质疑、测试等波折之后，RDA 终于在 2010 年 6 月以工具套件形式正式在网上发布，2011 年 8 月作为 RDA 基本组成部分的词汇部分正式发布。RDA 编制方的英国、美国、加拿大、澳大利亚和德国 5 个国家的国家图书馆相继发表声明，计划最晚于 2013 年第一个季度全面实施 RDA。2013 年 JSC 的年度报告[1]表明，除了德国国家图书馆（及德语区图书馆网络）实施日期为 2015 年底，5 个参编国的国家图书馆基本上都在 2013 年一、二季度开始实施。作为要取代 AACR2 成为一部数字世界的新国际编目标准，RDA 有必要在实施准备过程以及实施后根据遇到的编目实践和环境不断地更新和完善。

RDA 官方公布，截止 2013 年初统计，境外图书馆采用 RDA 实践的图书馆包括 8 家国家级图书馆和多家其他类型的图书馆，具体如下[2]：国家级图书馆有魁北克国家图书馆档案馆（Bibliothèque et Archives nationales du Québec）、美国国会图书馆（Library of Congress，LC）、美国国家医学图书馆（National Library of Medicine，NLM）、美国国家农业图书馆（National Agricultural Library，NAL）、澳大利亚国家图书馆（National Library of Australia）、英国国家图书馆（British Library）、新加坡国家图书馆（National Library Board，Singapore）、马来西亚国家图书馆（Na-

---

[1] Barbara B. Tillett. Annual report for 2013. [EB/OL]. [2014-01-21] http://rda-jsc.org/docs/annual2013.pdf

[2] Who's Cataloging in RDA. [EB/OL]. [2013-09-20] http://www.rda-toolkit.org/RDA_institutions.

tional Library of Malaysia）。其他类型图书馆有台湾"中央图书馆"、杨百翰大学（Brigham Young University）、剑桥大学（Cambridge University）、科陶德学院（Cortauld Institute）、北卡罗莱纳州立大学（North Carolina State University）、英国牛津大学信息系统/博德利图书馆（OLIS/Bodleian Library）、芝加哥大学（University of Chicago）、华威大学（University of Warwick）、美国政府印刷局（U. S. Government Printing Office）。RDA 的实践者无疑会逐渐增多，本章列举具有代表性的 RDA 实践馆，包括国家图书馆、大学图书馆以及相关机构进行具体的介绍。

6.1 美国国会图书馆 RDA 实践

2011 年 6 月 13 日，RDA 测试与协调委员会发布了"美国 RDA 测试协调委员会测试报告—执行摘要"并宣布 RDA 的实施应不早于 2013 年 1 月。在 2011 年 9 月的 IFLA 年会 RDA 卫星会议（IFLA RDA Satellite Meeting）上，美国国会图书馆（LC）公布了 RDA 准备时间表以及开始 MARC 转换计划，2011 年 9 月起该馆开始 MARC 转换计划，2011 年 11 月，重新开始创建 RDA 规范与书目记录[1]。2012 年 2 月 27 日，采访与书目访问部主任 BEACHER WIGGINS 宣布将于 2013 年 3 月 31 日全部采用 RDA 编目，这天被称为 RDA 实施切换日（Day One）。也就是说，从 2011 年 11 月开始，越来越多比例的美国国会图书馆的新建记录采用 RDA 编目，到实施切换日将达到 100%[2]。合作伙伴美国国家农业图书馆、美国国家医学图书馆、英国国家图书馆（英国国家图书馆）、加拿大国家图书档案馆、德国国家图书馆和澳大利

---

[1] 编目精灵 III. IFLA 年会的 RDA 卫星会议．[EB/OL]．[2013 - 09 - 20]．http：//catwizard. net/posts/20110928212344. html.

[2] 编目精灵 III. LC 宣布 2013. 3. 31 为 RDA 实施切换日．EB/OL]．[2013 - 09 - 20] http：//catwizard. net/posts/20120229210233. html.

亚国家图书馆已被告知该馆的 RDA 的执行计划。

6.1.1 LC—PCC PS

LC 作为 RDA 编制和实施的主要参与方，时刻关注和参与 RDA 工具套件的每一次更新。2010 年 6 月 RDA 工具套件正式在网上发布以来，针对美国国会图书馆 RDA 测试报告以及工具反馈而来的更新便由表及里地接踵而来。首先是针对工具套件的界面和功能操作，逐步完善界面的友好性和功能的易用性；其次，自 2012 年 4 月份开始，对 RDA 工具包在内容上进行了更新，包括元素表以及首冠词，进一步表明了 RDA 去英美化的编目方向；发布了 RDA 编目的 MARC 全纪录实例，每个实例都包含"RDA 元素"和"MARC 编码"，方便 RDA 培训及日常工作参考。这些更新都将通过每个月举办的网络研讨会得到世界各地工具包使用者的实践、讨论以及反馈；最后，LC 制定了美国国会图书馆政策声明（LCPS），并纳入到 RDA 工具套件之中，以互链的形式，对 LCPS 摘要进行修改，从而保持着与 RDA 工具套件的上述更新同步[1]。

整个测试期间，美国国会图书馆编目专家为 RDA 测试及今后使用也做了很多工作，从 2010 年该馆准备 RDA 测试时，将原先针对 AACR2 进行细化解释的 LCRI（LC 规则解释）修改为 LCPS，主要针对 RDA 中的本地化选项，以及规则中未明确的部分，同时说明，凡 LCPS 未规定的，可由编目员自行决定，并随 RDA 的修订而随时更新[2]。LCPS 对 RDA 中大量交替、可选、例外等情形提供了国会图书馆本地应用规定，使其具有可操作性。经过两年的使用和期间不断调整，2012 年 12 月 10 日该馆宣布：

---

[1] 黄如花，周伟."资源描述与检索"（RDA）的实施进展 [J]. 现代情报，2012（9）：p. 3 - 5.

[2] 高红，胡小菁. RDA 中文电子版的设想 [J]. 数字图书馆论坛，2013（10）：p. 14 - 16.

自 RDA 的 2012 年 10 月发布版开始，LCPS 改名为美国国会图书馆和合作编目项目政策声明 LC—PCC PS（Library of Congress—Program for Cooperative Cataloging Policy Statements），这份声明反映了 LC 和 PCC 共同采用了同一套政策声明，不再独立采用政策声明，在该政策声明中，明确标注各自应用的不同之处，除明确说明仅限 LC 实践外，对 LC 与 PCC 的实践提供互相参照。LC—PCC PS 是美国实施 RDA 的本地政策，编号与 RDA 条款对应，并有图标链接到 RDA，而在 RDA 中，也有相应图标链接到此。用户无须登录，可在 RDA Toolkit 网站免费访问这部分内容，并能随时看到更新情况。这些工作极大方便了使用者的使用，无需进行两边查找与对照[1]。

LC—PCC PS 包括 33 部分和附录部分，内容大致可分为如下 5 种情况[2]：

1. 对 RDA 文本的细化

对 RDA 中未明确说明，或者文本中以"或"等方式说明的部分做出规定。如详细规定"确定发行模式"和"确定记录数"：前者说明如何判断不同类型资源是集成资源、连续出版物还是专著，后者说明如何判断多个资源是做一条记录还是多条记录（如是版本还是复本、补充材料、连续出版物索引与累积本等）。

2. 与其他资源描述与检索的标准的关系

美国国会图书馆在对某些资源编目时，不使用 RDA 规则，而是使用其特定的描述性标准，有动态影像资料回溯规则、文物规则、稀有文献资料 DCRM（单册和丛书）规则、地图资料规则、描述性回溯文献规则。但这些资源在检索点的选取上仍依据

---

[1] Accessing Current Library of Congress – Program for Cooperative Cataloging Policy Statements (LC – PCC PSs). [EB/OL]. [2013 – 9 – 30]. http：//www. loc. gov/aba/rda/lcps_ access. html.

[2] Library of Congress – Program for Cooperative Cataloging Policy Statements (LC – PCC PS). [EB/OL]. [2013 – 9 – 25]. http：//access. rdatoolkit. org/.

RDA 相关说明。

3. 在增加检索点方面

在 Section 2 的作品和内容表达的属性方面：LC 和 PCC 对于无特色标题的音乐作品，一般记录合适的元素作为检索点，当作品与其他作品的检索点一致时，如作品作者、家族等，为了区别，一般增加一个或者多个不同的元素作为检索点。这些需要编目人员的判断来选择是否增加独立的检索点。但是 LC 针对音乐资料、经文、翻译作品、语言版本的书目数据，会在检索点的基础上增加额外表现属性。

在 Section 3 个人、家族和团体记录的属性方面：当 LC 和 PCC 作品与其他作品的检索点一致时，如个人、家族、社会团体等，为了区别，同样增加一个或者多个不同的元素作为检索点。

4. 规定交替、可选、例外等 RDA 本地化选项的选择[①]

对 RDA 中大多数本地化选项都规定了做法。如在"例外"部分，统一说明 LC 对于 1801 年的文献和 19 世纪早期的精选文献的规定，采用稀有文献编目规则 DCRM（B），而不采用 RDA 编目规则。

5. Policy and Standards Division（PSD）在编目政策和标准方面的管理

声明称凡 LCPS 未规定的，可由编目员自行决定，但是需要告知编目政策标准执行部门（Policy and Standards Division, PSD），PSD 负责管理美国国会图书馆书目数据政策和标准工作，该馆规定，编目人员一般按照 RDA 规则和词汇表等开展工作，使用 RDA 词汇表作为日常编目，编目员需向 PSD 询问关于使用其他词汇表的使用，对稀有文献资料部分和其他特殊类，可选择合适的

---

① 胡小菁. RDA 的国际化设计与本地化实施. 大学图书馆学报, 2013（1）: p. 42 – 46.

专门词汇表,但是必须通知 PSD。若编目人员使用 RDA 字段清单上没有的新字段,必须让 PSD 知晓。

这份声明目前仍然在不断调整、更新中,LC 和 PCC 在 RDA 不断推进的过程中,及时对政策声明进行修改,添加,删除,并在 RDA Toolkit 进行及时更新,用户可通过 RDA Toolkit 查看 LC – PCC PS 的历次更新情况,根据该馆官网公布,LC – PCC PS 在 2011 – 2013 年经过了 9 次更新[1],更新仍在持续,LC 和 PCC 共同协作,在 RDA 的实践过程中不断完善这份政策声明,以此为其他国家的政策制订机构提供示范和参照,各国也可以此作为样本,制订本国的实施细则。

6.1.2 培训

自宣布了确切实施日期之后,2012 年 2 月 27 日,美国国会图书馆发布《Long – Range RDA Training Plan for 2012 and Beyond》,提出这次美国国会图书馆 RDA 培训的目的是使培训者在接受培训后,能成为熟练掌握 RDA 知识和编目技能的图书馆员,并详细列出了这次培训的阶段、编目对象、核心课程以及专门课程的内容,美国国会图书馆紧接着开展了各种针对 RDA 实施准备的培训,并在图书馆主页上开设专栏进行 RDA 培训资料的共享,并及时更新相关内容。

在该馆网站的 RDA 培训资料网页上,列有 BIBCO 项目、CONSER 项目、NACO 项目、PCC 及 LC 的 RDA 培训内容或信息;另外,LC 公开发布了其馆内的 RDA 培训资料,其中有 LC 的培训计划,内容包括[2]:教室培训计划 Classroom Training Plan(2012 年 9 月)、在线培训计划 Online Training Plan(2012 年 11 月)和

---

[1] Library of Congress – Program for Cooperative Cataloging Policy Statements(LC – PCC PS).[EB/OL].[2013 – 9 – 25].http://access.rdatoolkit.org/.

[2] 编目精灵 III. LC 的 RDA 培训计划及培训资料.[EB/OL].[2013 – 09 – 20] http://catwizard.net/posts/20130529211102.html.

最主要的2012年6月起的所有馆内培训资料，并随着RDA的最新版本更新，包括PPT、手册与练习。

培训资料大致为三大块：

（1）概念及工具准备：①FRBR功能概念；②FRBR实习课：概念应用、FRBR、RDA和MARC、使用RDA Toolkit、RDA书目记录实践工作单。

（2）RDA基本知识：①RDA：模块1－导论；识别载体表现和单件、RDA；②模块2－描述载体和识别作品、RDA；③模块3－识别内容表达和描述内容、RDA；④模块4－关系、RDA；⑤：模块5－规范、RDA；⑥模块6－规范Ⅱ。

（3）专门问题：①特别论题（LC/NACO规范档变化；RDA补训培训）；②R－文件（R1：LC核心元素）；③R4：导入文字专著；④R5：MARC21变化；⑤R6：名称规范练习；⑥R7：某些可能的RDA实施场景；⑦分类和排架手册指导单。

作为RDA测试成员馆之一，美国国家医学图书馆（NLM）紧跟美国国会图书馆的脚步，与美国国会图书馆同步发布RDA实施计划，计划2013年3月31日开始实施RDA进行书目数据编目，从而代替AACR2。实施之后，美国国家医学图书馆继续拥有RDA和原有的AACR2的书目数据，针对原有的AACR2数据不做RDA数据的更新和取代，但是新编制的传统常规数据统一使用RDA规则。在对医学史文献，尤其对珍本图书编目时，编目员会继续使用DCRM进行稀有文献资料的编目，同时，该馆会继续接收AACR2的书目数据复本[①]。作为PCC（Program for Cooperative Cataloging）的成员，该馆遵循BIBCO和CONSER关于RDA的指导，在LC的元数据应用文档（MAP）和PCC的元数据应用文档（MAP）的基础上，该馆制作了自己的元数据应用文档（NLM

---

① RDA Implementation at NLM. ［EB/OL］. ［2013－3－31］. http：//www.nlm.nih.gov/tsd/cataloging/RDA_ Implementation_ at_ NLM.html.

MAP），作为本馆编目人员的快速参考工具，NLM 元数据应用文档（RDA Metadata Application Profile，RMAP）中，明确了 RDA 的核心元素，以及 LC/PCC/NLM 和 LCPS 关于核心元素的设定，并针对 NLM 的实际情况，对各种核心元素进行了说明。制作了 MARC 21 编码与 RDA 元素的 NLM 实践对照表（MARC 21encoding to accommodate RDA elements：NLM practice），针对 RDA 的实施，该馆对各字段的实践进行了明确的定义，以便编目人员能更好地向 RDA 编目过渡[①]。

6.2 加拿大国家图书档案馆 RDA 实践

早在美国国会图书馆开展 RDA 测试时，加拿大国家图书档案馆（Library and Archives Canada，LAC）就表示出对 RDA 推进的积极支持态度，在美国国会图书馆忙于 RDA 测试时，该馆就开始为 RDA 在该馆实施做相关准备，并与魁北克国家图书档案馆共同研究 LCPS 的选项是否能全盘采用。随着美国国会图书馆宣布实施切换日后，加拿大国家图书档案馆也明确会与美国国会图书馆保持同步，将尽可能减少与其他英美国家图书馆在 RDA 实践上的差异，将不早于 2013 年初实施 RDA。在 2011 年 9 月的 IFLA 年会 RDA 卫星会议（IFLA RDA Satellite Meeting）上，Current Status 发表了"Preparing for RDA Implementation in Canada"，其中宣布了该馆会积极参照美国国会图书馆的相关 RDA 政策，并积极与魁北克国家图书档案馆和加拿大编目委员会（Canadian Committee on Cataloguing）协同合作。同时也强调了本国需求，特别是法语地区 RDA 应用依赖于 RDA Toolkit 法语版的产生，同时开展核心元素界定及制定混合型编目指引规则，为 MARC 数据转

---

① NLM RDA Documentation Available. [EB/OL]. [2013-10-25]. http://www.nlm.nih.gov/pubs/techbull/ja13/brief/ja13_rda_documentation.html.

换成 RDA 做好各方面的准备；

总体而言，加拿大的 RDA 实践路线有以下几点：

1）把编目从采访部移至资源发现部，以更贴近读者服务；

2）参照 LC 政策，强调本国需求（特别是法语地区），确定可选做法及核心元素；

3）在完全实施前，要求有 RDA 的法语版；

4）为准备实施 RDA 所做的 wiki；

作为 RDA 的主要编制方之一，在 2011 年美国忙于 RDA 测试的同时，加拿大也在根据本国的具体情况努力完成 RDA 的法语版工作。加拿大国家图书与档案馆积极为 RDA 的实施做了各项准备，在其图书馆主页上设立专栏作为 RDA 的相关信息共享平台。加拿大实施 RDA 的决心，也为 RDA 多语言的实施和检验奠定了一块新的基石。

6.2.1 培训

来自不列颠哥伦比亚省、马尼托巴省、安大略省和魁北克省，共同组成了泛加拿大工作组 RDA 编目培训模块，合作设计了一套培训模块，开展对特定编目员进行 RDA 的新内容标准的培训，培训材料包括由美国国会图书馆和 RDA 联合指导委员会的培训材料，同时结合加拿大的特性进行改编。该培训模块的特点是可进行面对面的专门培训，加拿大国家图书档案馆觉得这样培训效果会比编目人员自学的效果更好。模块包含了 RDA 的内容学习、导航 RDA 工具包、RDA 编目（载体表现和单件的记录属性）、RDA 编目（作品和内容表达的属性、著录主要关系）、RDA 编目（为个人，家庭和企业团体的属性著录地点）、RDA 编目（著录关系、RDA 编目：实际应用）[1]。

---

[1] Pan-Canadian modules.［EB/OL］.［2013-9-25］. http：//rdaincanada. wikispaces. com/Pan-Canadian+modules.

加拿大国家图书档案馆在其图书馆系统 AMICUS 中融入了 MARC21 变化；学习并熟悉 RDA 相关知识；与图书馆系统供应商联系，关注厂商适应 RDA 变化的计划：图书馆系统需要支持创建 RDA 数据和 RDA 的数据交换以及适应 MARC21 变化，需要改变相应的编目模块系统以及检索和显示系统，以更好的配合 RDA 的实施；确定在图书馆协调实施 RDA 的负责人，分析当前的政策和程序，针对 RDA 实施所带来的相应变化与工作人员开展有效沟通，更新现有的文件和创建编写 RDA 文档的计划；通知公共服务部门和其他非编目图书馆工作人员，讨论 RDA 实施会带来的影响①。

2012 年，美国图书馆协会与科学进步与技术文档学会（Association pour l'avancement des sciences et des techniques de la documentation，ASTED）合作开展 RDA 法语版的翻译工作（具体由蒙特利尔的发行商负责印刷和数字媒体库及此后新的编目标准的法语版的翻译工作）。ASTED 也授权给出版社并在全球分销 RDA 的法文翻译的印刷版。RDA 工具包法语版已于 2013 年 5 月 14 日在网上提供②。相信随着 RDA 法语版的上市，法语地区 RDA 的实施会加快步伐。

6.3 英国主要图书馆 RDA 实践

英国国家图书馆在 RDA 实施日来临之前也在积极地同其他国家图书馆合作修订自己的 RDA 计划，内容包括 RDA 实施之前的记录再分配、提出相应系统配置、实现自动批量升级的变化以及编目支持人员的优先培训等。英国国家图书馆元数据标准管理

---

① Cataloguing – Standards. [EB/OL]. [2013 – 10 – 25]. http：//www. lac - bac. gc. ca/cataloguing – standards/040006 – 1107 – e. html#o.

② RDA in Translation – French. [EB/OL]. [2013 – 10 – 25]. http：//www. rdatoolkit. org/translation/French.

者 Alan Danskin 宣布英国国家图书馆的 RDA 实施在 2013 年 4 月 1 日起生效。从 2013 年 4 月 1 日，使用 RDA 取代 AACR2，作为英国国家图书馆的官方描述性编目标准，加入到英国国家书目和英国国家图书馆 MARC Exchange 格式数据。英国国家图书馆交换数据文档将在可预见的将来包含 RDA 和 AACR2 的混合记录，DCRM 将继续被作为稀有文献编目规则，但规范检索点和 DCRM 范围外的其他元素将使用 RDA，而不是 AACR2①。鉴于英国国家图书馆前期实践与其余参编国国家馆存在诸多共性，此处不再赘述英国国家图书馆的 RDA 实践过程，而以英国两所著名大学图书馆 RDA 实践为例进行介绍。

6.3.1 剑桥大学图书馆

剑桥大学图书馆（Cambridge University Library，CUL）在 2013 年 3 月下旬完成 RDA 培训，总馆及部分馆 3 月 31 日开始实施，并贡献 RDA 记录给英国国家图书馆。该校其余馆将在 2013 年 10 月起实施 RDA。之前已开始贡献 RDA 规范记录。目前主要针对印刷型专著、连续出版物与集成资源采用 RDA，地图、乐谱、电子资源等其他格式将于 2013－2014 学年实施 RDA②。

剑桥大学图书馆成立了一个 RDA 指导小组（Cambridge RDA Steering Group），负责 RDA 培训，培训资料来自于英国国家图书馆的关于 RDA 的培训资料。剑桥的完整培训包括 4 个部分：FRBR 工作坊、RDA 工具包导论、RDA 编目培训（5 个模块：RDA 导论、识别载体表现和单件 1、识别载体表现和单件 2、识别作品和识别内容表达以及 RDA 中的关系）和规范检索点：RDA 中的检索点。

---

① British Library announces implementation of RDA. ［EB/OL］. ［2013－10－25］. http：//www. rdatoolkit. org/blog/536.

② 编目精灵 III. 剑桥大学 RDA 培训资料. ［EB/OL］. ［2013－10－25］. http：//catwizard. net/posts/20130520213325. html.

同时剑桥大学也制定了本校的 RDA 编目相关细则，如剑桥标准记录（Cambridge Standard Record）：常用 RDA 元素（按条款号顺序）说明及对应 MARC 字段；复制编目备忘单（RDA copy cataloguing cheat sheet）：提示复制编目需修改、增加的字段；RDA 模板（Cambridge Practical RDA Template）：常用 MARC 字段/子字段和 RDA 元素双向对照表。

6.3.2 牛津大学图书馆

    牛津大学和剑桥大学图书馆都在 2013 年 3 月开始实施 RDA[1]。近日牛津大学也公开了自己的 RDA 文档，牛津大学图书馆信息系统（Oxford Libraries Information System，OLIS）有约 200 名编目员（包括全职与兼职）分散在约 100 个图书馆，兼职人员须承担其他职责、偶做编目者。培训需求大，不少人员却很难离开日常工作参加培训，所以培训方式必须灵活，鼓励受培训者自力更生。因此有如下考虑[2]：

    1）主要依靠自学与参考文档，仅少量上课，解决本地实践、共同参与实践并现场反馈。

    2）提供的文档均面向任务，考虑到未来若干年内元数据标准还将采用 MARC，所以文档反映的是 MARC 结构。

    3）只包含适量 FRBR 与 RDA 结构，目的在于让编目员理解 RDA 术语、工具包导航，并对未来 FRBR 系统可以达到什么有所了解。

    4）提供的文档可独立使用。鼓励编目员学习 RDA 工具包，但除了受控术语（如关系词列表）或一些细节，很少需要大家使用工具包。

---

[1] 牛津大学 RDA 培训资料. [EB/OL]. [2013-9-25]. http://catwizard.net/posts/20131214103347.html.

[2] RDA and OLIS. [EB/OL]. [2013-9-25]. http://www.bodleian.ox.ac.uk/our-work/cataloguing.

牛津大学图书馆的培训资料由三部分组成,第一部分主要针对有经验的编目员;第二部分面向新编目员,而第三部分则是针对特定类型资源的编目。

培训类型有:

1. 迁移培训(Transfer training)

迁移培训针对有经验人的编目员,培训时间为一天,只讲要点,然后分组完成 RDA 记录工作单 [见下列"迁移培训工作坊"]。一天培训之后,要求编目员能彻底阅读文档 [见下列"迁移培训附注"],解决实践包 [见下列"迁移培训实践包"] 中的问题,然后就开始在日常工作中使用 RDA。网站提供了所有相关文档:

- ➢ Transfer training schedule 迁移培训日程
- ➢ Transfer training presentation 迁移培训 PPT(2013 年 3 月,60 张)
- ➢ RDA structure and the RDA Toolkit RDA 结构与工具包(说明,带实践)
- ➢ Notes for transfer training 迁移培训附注(主要培训资料,32 页简单导论后以本地规定为主)
- ➢ Transfer training workshop 迁移培训工作坊(4 个实例,培训时配有题名页及题名页背面书影,由于版权原因无法提供联机复制版,只提供 ISBN)
- ➢ Using AACR2 and hybrid records after Day 1 切换日后使用 AACR2 和混合记录(什么情况下保留不改、如何转换成 RDA 记录)
- ➢ Transfer training practice pack 迁移培训实践包(5 个原编、3 个套录修改,含题名页、版权页信息)
- ➢ Statements of responsibility and AAPs 责任说明和作者检索点(此文档是迁移培训数月后增加的,针对取消"3 个规则"后如何处理多责任的本地规定;与此同时,也作为新编目员培训的

模块3附件）

2. 常规培训

新编目员 RDA/MARC21 培训（RDA/MARC21 modules for training new cataloguers and for reference）为全套培训，内容也可供所有编目员做参考。包括8个模块，其中1-5自学：

➢ 模块0：理解 OLIS 书目记录（入门，除编目员外，面向只加馆藏记录及某些阅览室员工）

➢ 模块1：资源描述（用于自学；后附如何在 Aleph 系统中输入描述数据，创建简单的书目记录，不包括检索点）

➢ 模块2：资源检索（用于自学；后附如何在 Aleph 系统中输入并检查检索点，创建完整的书目记录，不包括 LCSH）

➢ 模块3：复杂情况（用于自学）

➢ 模块4：外文资源与非罗马字符（用于自学）

➢ 模块5：非书资料（用于自学）：模块3-5后有一节复习实践课，含分组编目一两本有趣的图书，模块1-5配有实践与测验题．

➢ 模块6：多部分文献的书目记录（通常上课，含分组编目某些具有挑战性的多部分文献）

➢ 模块7：套录（含 OLIS 本地政策：什么记录优先下载，需要做哪些检索与编辑修改。通常上课，包括 Aleph 的下载与衍生功能）

3. 特殊资料文档

OLIS 从书刊开始实施 RDA，逐渐增加对其他类型资料的政策与文档。特殊资料的总则在前述模块5，目前已经完成了地图与视频，未来还将增加学位论文、录音与电子文献。

6.4 EURIG 的 RDA 实施

欧洲 RDA 兴趣小组（EURIG - European RDA Interest

Group）成员以欧洲各国的国家图书馆代表为主，是除 RDA 编制国之外参与 RDA 最全面的团体。2010 年 8 月 EURIG 以非正式组织首次亮相，和 RDA 联合指导委员会共同主办"RDA 在欧洲"会议，当时距 RDA 网络版发布还不到 2 个月。2011 年 9 月，英国、德国、西班牙和瑞典四国国家图书馆馆长签署了哥本哈根协议，宣告 EURIG 正式成立，正式表达欧洲参与并使用 RDA 的意愿。协议的目的是：在欧洲提升 RDA 用户和潜在用户对共同专业的兴趣；向 RDA 的预期欧洲用户提供共同参与和讨论的论坛；鼓励与促进预期用户之间的合作、沟通与经验交流，以方便在欧洲实施 RDA；与 RDA 联合指导委员会紧密联系，根据欧洲图书馆与用户的书目需求，为 RDA 的开发发布信息、协调建议；通过经验交流，在 RDA 翻译为欧洲语言方面，鼓励与促进合作[1]。EURIG 的成立，标志着 RDA 去英美化的成功，是 RDA 国际化进程的重要步骤。

  作为欧洲 RDA 工作的重要部分，EURIG 于 2012 年 1 月在巴黎法国国家图书馆举办了技术会议，来自 17 个国家的 36 位代表出席了这次会议。会议目的是讨论如何解决阻碍采用或实施 RDA 的潜在问题。法国 RDA 评审组提出了讨论初稿，按照涉及 RDA 条款的顺序列出，标明问题的重要性，并提出相应的建议。初稿会提前交给 EURIG 成员，部分成员添加了评论。会议着重讨论了"FRBR 模型的 RDA 实施"问题，同时讨论了 RDA 作为内容标准、条例的国际化等一系列问题。会议标志着欧洲采用 RDA 的实质性工作正式启动[2]。

  EURIG 广泛开展关于 RDA 的研究和讨论，对在欧洲实施 RDA 方面进行了探讨，同时对欧洲各代表图书馆对 RDA 的接受

---

[1] EURIG – Cooperation Agreement［EB/OL］.［2014 – 01 – 21］. http：//www. slainte. org. uk/eurig/docs/EURIG_ cooperation_ agreement_ 2011. pdf.

[2] 高红. 欧洲 RDA 兴趣小组的工作及其启示. 图书情报工作，2012（12）：119 – 122，81

及实施情况进行了研究，根据来自英国国家图书馆的 Katharine Gryspeerdt 在 2012 年 2 月 – 3 月在 EURIG 内部开展了 RDA 采用情况调研，调研显示仅有 4 个组织（20% 的受访者）有明确的实施 RDA 计划：3 个组织计划于 2013 年实施 RDA –– 荷兰国家图书馆、英国国家图书馆和德国国家图书馆，1 个组织（芬兰国家图书馆）计划在 2015 年实现 RDA。其他 16 家机构（80% 的受访者）尚未作出实施 RDA 的决定，但大多数图书馆预期会在未来 2012 年到 2015 年内实施 RDA，其中两家（卡萨利尼利布里和专业性图书馆编目机构）表示，是否实施 RDA 依赖于美国国会图书馆关于 RDA 的实施情况。专业性图书馆编目机构表示，当加拿大国家图书档案馆和美国国会图书馆开始大量制作 RDA 数据时，他们才会考虑开始使用 RDA，暂定在 2013 年 5 月①。截止到 2013 年 11 月，EURIG 共有英国国家图书馆、瑞士国家图书馆等 32 家图书馆或图书馆相关机构组成，主要以欧洲图书馆为主要组成部分②。在最新的 JSC 2013 年度报告中，欧洲 RDA 兴趣小组（EURIG）9 月调查表明，32 个成员中 13 个明确计划实施 RDA（2012 年调查时仅为 4 个），完整调查报告已经完成，还未在 EURIG 网站发布③。

6.5 澳大利亚主要图书馆 RDA 实践

澳大利亚国家图书馆为实施 RDA 做了前期各项准备，包括：计划于 2013 年 2 月末或 3 月初完成编目服务系统，针对即将实施的 RDA 做适应性变化，包括：支持 MARC 字段 264，替换 260 字

---

① URIG survey on adoption of RDA – 2012: report. [EB/OL]. [2013 – 10 – 25]. http://www.slainte.org.uk/eurig/documents.htm.

② European RDA Interest Group. [EB/OL]. [2013 – 10 – 25]. http://www.slainte.org.uk/eurig/members.htm.

③ JSC 2013 年度报告. [EB/OL]. [2013 – 9 – 25]. http://catwizard.net/posts/20131215085456.html.

段；澳大利亚目前图书馆编目客户端模板更换为新的 RDA 模板；变更记录导入服务（RIS）的匹配和合并的优先顺序；增加 33X 字段等。同时，澳大利亚国家图书馆检索服务也计划在 2 月份实现支持 RDA 数据的检索和浏览，文献传递服务将于 3 月更新[①]。澳洲地区很早就成立了相应专家工作组，并积极参与到 RDA 编制工作中，研究 RDA 在澳洲的实施等，澳大利亚国家图书馆和澳大利亚大部分图书馆计划于 2013 年 3 月 31 日开始实施 RDA，并为此做了一系列的准备工作。

6.5.1 培训

澳大利亚编目委员会（Australian Committee on Cataloguing，ACOC）是 RDA 联合指导委员会（JSC）的成员之一。在澳大利亚对 RDA 的任何提案和建议，都需要通过 ACOC 渠道来递交。澳大利亚国家图书馆与澳大利亚编目委员会合作于 2012 年 9、10、11 月开展了人数有限的 RDA 培训课程（"Train the trainer"），通过这些有限人数的培训员经培训后再去培训各自相关编目员工，澳大利亚国家图书馆不再对澳大利亚各图书馆做面对面的培训，但是所有的培训资料可以通过澳大利亚国家图书馆网站访问与学习[②]。

与 RDA 联合指导委员会官方 7－9 个模块的培训相比，都是 3 天时间，澳大利亚国家图书馆的模块分得较细：14 个模块＋3 个前置阅读文档，以掌握 RDA 和 AACR2、FRBR 的关系作为基本前提，每个模块都有活动或若干练习，以编制出书目及规范记录结束[③]。

[①] RDA and systems. [EB/OL]. [2013－10－25]. http：//www.nla.gov.au/acoc/rda－and－systems.

[②] RDA training. [EB/OL]. [2013－10－25]. http：//www.nla.gov.au/acoc/rda－training－for－australia.

[③] 编目精灵 III. 澳大利亚 RDA 培训资料上线. [EB/OL]. [2013－10－25]. http：//catwizard.net/posts/20130228225120.html

1. 前置阅读：RDA 背景信息部分

从 AACR2 到 RDA：RDA 的结构和目的。NLA 会在 LC-PCC PS 基础上，有自己的附加政策；Libraries Australia（联合目录）有自己的最小记录标准。

从 AACR2 到 RDA：RDA 开发史和背景。NLA 从 2013 年 1 月起实施 RDA，1-3 月员工培训；Libraries Australia 从 2013 年起接受 RDA 记录。

- FRBR 家族：与 RDA 的关系
- 第一天（模块 1-5）
- 概述
- FRBR 复习
- RDA 工具包导航
- 与 AACR2 的主要差别：结构
- 与 AACR2 的主要差别：转录变化（+内容类型、媒介类型、载体类型）

2. 第二天（模块 6-9）

- 载体表现和单件的属性［RDA 第 1 部分（1-4 章）］
- 作品和内容表达的属性［RDA 6-7 章］
- 个人、家族和团体的属性［RDA 8-11 章］
- 概念、实物、事件和地点的属性［RDA 第 4 部分（16 章）］

3. 第三天（模块 10-14）

- 关系
- 规范工作
- 附录：5 个附录
- RDA 工具包用户生成内容
- 综合所有［实战］

4. 五个附录

> 延伸资源：RDA 参考源

> 术语速查表：常见 RDA 术语的定义

> 工具包菜单图标

> 在 RDA 什么位置：前 RDA 内容（书目与规范记录中）与 RDA 术语、章节的对照表

> 国际编目原则声明（ICP）：9 个原则

6.5.2 RDA 实施情况列表

以下是截止 2013 年底统计的澳大利亚各地图书馆完成的 RDA 实施情况列表[①]：

1. 澳大利亚首都直辖区

> 澳大利亚政府财政部库（Australian Government Treasury Library）

> 澳大利亚土著居民和托雷斯海峡岛民研究学会（Australian Institute of Aboriginal & Torres Strait Islander Studies）

> 堪培拉卫生和老龄部（Department of Health and Ageing, Canberra）

> 澳大利亚地球科学（Geoscience Australia）

> 堪培拉大学图书馆（University of Canberra Library）

2. 新南威尔士州

> 卧龙岗大学图书馆（University of Wollongong Library）

> UNILINC 有限公司（UNILINC Limited）

> 悉尼科技大学（University of Technology, Sydney）

> 新南威尔士州立图书馆（State Library of New South

[①] RDA Implementation in Australian Libraries. [EB/OL]. [2013-10-25]. http://www.nla.gov.au/acoc/rda-implementation-in-australian-libraries.

Wales）
- 萨瑟兰郡图书馆（Sutherland Shire Libraries）
- 悉尼大学图书馆（进行中）　（University of Sydney Library）
- 新英格兰大学（进行中）（University of New England）
- 纽卡斯尔大学图书馆（进行中）（University of Newcastle Library）
- 澳大利亚国家海事博物馆（进行中）（Australian National Maritime Museum）
- 麦格理大学（进行中）（Macquarie University）

3. 北领地
- 贝里马农家书屋，第一产业和渔业部（进行中）（Berrimah Farm Library, Dept of Primary Industry and Fisheries）
- 北领地库（进行中）（Northern Territory Library）

4. 昆士兰
- 昆士兰科技大学（Queensland University of Technology）
- 昆士兰州立图书馆（进行中）（State Library of Queensland）
- 汤斯维尔城市图书馆（正在进行中）（CityLibraries Townsville）

5. 南澳大利亚
- 弗林德斯大学图书馆（Flinders University Library）
- 南澳大利亚州立图书馆（State Library of South Australia）

6. 塔斯马尼亚
- 塔斯马尼亚州立图书馆（State Library of Tasmania）
- 塔斯马尼亚大学图书馆（进行中）（University of Tasmania Library）

7. 维多利亚
- 迪肯大学（Deakin University）

➢ 墨尔本皇家理工学院（RMIT）
➢ 墨尔本大学（University of Melbourne）
➢ 维多利亚州州立图书馆（State Library of Victoria）
➢ La Trobe 大学（La Trobe University）
➢ 维多利亚大学（进行中）（Victoria University）

8. 西澳大利亚

➢ 西澳大利亚国家图书馆（State Library of Western Australia）
➢ 杰夫的快操盲文和西澳大利亚盲人有声读物图书馆协会（Geoff Gallop Braille and Talking Book Library of the Association for the Blind of Western Australia）
➢ 国会图书馆，西澳大利亚（Parliamentary Library, Western Australia）
➢ 科廷科技大学（进行中）（Curtin University）
➢ 默多克大学图书馆（进行中）（Murdoch University Library）

6.6 日本国立国会图书馆 RDA 实践

面对美国国会图书馆于 3 月 31 日开始全面实施 RDA，日本国立国会图书馆（National Diet Library, NDL）已宣布从 4 月 1 日起，对原采用 AACR2 编目的外国出版图书等使用 RDA[1]。高校图书馆联合目录 NACSIS - CAT 也将同时采用[2]。日本实施 RDA 不包括本国日语出版物，因为日本和中国大陆、台湾一样，存在多种编目规则并存的情况，即西文采用 AACR2，日本本国文字采用

---

[1] 2013 年 4 月から洋図書等にRDAを適用します．NDL 書誌情報ニュースレター，2013（1）．[EB/OL]．[2013 - 11 - 25]．http://www.ndl.go.jp/jp/library/data/bib_newsletter/2013_1/article_03.html.

[2] これからの情報サービス：大学は図書館に多くを期待している - IAALの取り組み．[EB/OL]．[2013 - 11 - 25]．http://2012.libraryfair.jp/node/1255.

《日本目录规则》(NCR)。

NCR 由日本图书馆协会目录委员会负责制订。在 RDA 编制过程中，该目录委员会一直跟踪 RDA 发布的草案，不断与 NCR 做详细的比较与分析。2010 年 RDA 正式发布后，该目录委员会做出决定，参照 RDA 修订 NCR，而不是简单地翻译 RDA 用于日语资料的编目[1]。事隔 2 年半，该目录委员会于今年 2 月宣布即将发布"新 NCR 第一次案"(修订草案)[2]。

从披露的大纲看，新的《日本目录规则》是 RDA 与 ISBD 统一版的混合体，主体分成著录、检索与关系三部分，著录与检索均参照 RDA，采用 FR 模型列出各元素；但内容类型和媒介类型采用 ISBD 统一版的第 0 大项。

编目条例的编制是个漫长的历程，RDA 在编制过程中对体系做过多次调整，花了五年时间才正式发布，至今还是未包括主题等部分的非完整版。新的 NCR 与已有 RDA 的先例类似，从其宣布编制到发布尚不完整的第一次草案，已经花了两年半时间。仅就此点而言，或许全球范围共同维护一部编目规则的成本和效益会更佳[3]。

6.7 中国台湾地区图书馆 RDA 实践

台湾"中央图书馆"(National Central Library，NCL) 对 RDA 的推进在亚洲地区非常积极，于 2011 年 6 月 17 日召开该馆技术

---

[1] 日本図書館協会目録委員会：『日本目録規則』の改訂に向けて (2010 年 9 月 17 日) [R/OL]. [2013-11-25]. http://www.jla.or.jp/portals/0/html/mokuroku/20100917.pdf.

[2] 日本図書館協会目録委員会：『日本目録規則』改訂の方針と進捗状況 (2013 年 2 月 21 日) [R/OL]. [2013-11-25]. http://www.jla.or.jp/Portals/0/html/mokuroku/20130221ncr.pdf.

[3] 编制中的新《日本目录规则》. [EB/OL]. [2013-9-25]. http://catwizard.net/posts/20130420221536.html.

规范咨询委员会第一次会议，会中多位学者建议由该馆进行编目规范的维护和统一。2012年3月21日正式宣布成立"RDA小组"，邀请业内学者专家及相关机构代表协同参与，共同针对新规则进行评析与讨论，进而探讨台湾地区图书馆未来的RDA应用及为台湾数字化时代书目资料编目标准的制定作准备。

6.7.1 培训

台湾"中央图书馆"成立的"RDA小组"积极关注、研究和推进台湾地区RDA在图书馆中的学习及应用工作，RDA小组学习了美国国会图书馆在RDA相关资料，于2012年3月21日邀请美国国会图书馆书目专家Barbara B. Tillett授课，开展为期两日的"RDA未来展望"专题培训会。在初期开展各种培训的基础上，组织各项RDA工作的相关会议，2012年11月23日举办了"MARC21及RDA论坛"，共有200余名图书馆相关人员共同参与，论坛以"MARC21及RDA"为主题，议程包括：MARC21教育训练、会前问卷调查结果解析、台湾"中央图书馆"及国立台湾大学图书馆MARC转换经验分享及台湾应用MARC21与RDA系统相关议题等。透过此次论坛的举办，建立对话平台，让业界已有MARC21转换经验与尚未转换的图书馆和系统厂商能共聚一堂，共同探讨当前图书馆信息组织的实务议题，进而促进图情相关行业的知识分享与经验交流①。

2012年1月21日开展台湾编目规则未来发展咨询会议，台湾"中央图书馆"邀请图情界学者专家参加，主要议题有台湾西文资料编目采用RDA的原则、中文编目规范的未来走向和RDA教育训练规划等。该馆对RDA的应用也与日本类似，将中文与其他语种分开实施。

---

① MARC21及RDA论坛. [EB/OL]. [2013-9-25]. http://catweb. ncl. edu. tw/portal_ g13_ cnt. php? button_ num = g13&folder_ id = 25.

6.7.2　RDA 中文编目

RDA 小组首次会议于 2012 年 4 月 20 日召开，由台湾"中央图书馆"为主导，开展台湾的中文 RDA 编目工作，在 2013 年 3 月 7 日小组第 11 次会议上，决定编订 RDA 中文手册与教材；2013 年 3 月发布《RDA 重要中文词汇用语》[①]，包括 RDA 常用词汇中文翻译；RDA 核心元素中文翻译；RDA 媒体类型（Media type）、载体类型（Carrier type）、内容类型（Content type）词汇中文翻译；RDA 附录 I：与「资源」与「个人、家族、团体」之间关系标识；RDA 附录 J：与作品、载体表现、内容表达、单件之间关系标识；RDA 附录 K：个人、家族、团体之间关系标识。

RDA 小组分别于 8 月 14 - 29 日召开过多次会议，听取了 OCLC 对 FRBR 构架的先导计划与系统运算测试情况，讨论了 LC - RDA 核心元素（第九章以后）及 RDA 媒体类型（Media type）、载体类型（Carrier type）、内容类型（Content type）词汇中文翻译。对 RDA 附录 J，K 词汇与定义的翻译分工；听取 SirsiDynix 系统关于 RDA 发展的汇报，讨论 RDA 附录 I 与作品相关部分的中文翻译词汇；讨论过 RDA 附录 I 与内容表达、载体表现、单件相关部分中译内容以及有关 RDA 附录 J 和 K 词汇及定义的中文翻译，确定最终分工完成后与 9 月 15 日前统一上报汇总。

2013 年 9 月 6 召开 RDA 小组第十三次会议[②]制定了 RDA 中文手册工作进程，当时计划于 2013 年底前分工完成全部内容。根据前一阶段实施的具体情况，后与 2013 年 12 月第 14 次会议上确定过 RDA 中文手册的格式，并计划于 2014 年 1 - 2 月，作手册

---

① RDA 重要中文词汇用语．[EB/OL]．[2013 - 9 - 25]．http：//catweb. ncl. edu. tw/portal_ d2_ page. php? button_ num = d2&cnt_ id = 187.

② RDA 小组第十三次会议记录．[EB/OL]．[2013 - 11 - 02]．http：//catweb. ncl. edu. tw/portal_ d2_ page. php? button_ num = d2&cnt_ id = 202.

格式转换与内容调整；2014年3-6月，根据初稿增加中文范例，同时汇总整理LC-PCC PS与RDA政策有差异部分的相关规则，供未来拟订中文RDA政策时参考；2014年9-12月，将RDA调研成果初稿送审，并同步拟定中文RDA政策及特殊资料（如中文古籍等）的著录方式。2015年1-4月，将手册递交咨询委员会；2015年4-6月，RDA中文手册内容修订。2015年7月，手册内容定稿、办理后续出版等相关事宜，预计2015年年底出版。

6.7.3 RDA 西文编目

2013年2月台湾"中央图书馆"发布了西文编目采用RDA计划，拟遵循LC-PCC的模式及规范，规划西文资料编目采用RDA，并规划了西文编目作业及图书馆自动化系统配合方法，提出了台湾中央图书馆西文资料编目采用RDA之建议[1]。

预计2013年3月31日开始使用新的西文资料编目工作[2][3]：

➢ 现行系统编目模组设定，包括设定RDA增订的字段、代码及相关说明等；修订原编建档模板，西文共计约17个范本内容，逐一改订字段、代码的预设值，以供原编采用；规划RDA相关字段在目前Aleph系统中的索引及显示方式，请厂商配合重做索引及微调显示方式。

➢ 套录国外西文记录：以RDA为原则，依套录内容，保留

---

[1] 西文资料采用RDA计划．[EB/OL]．[2013-12-10]．http://catweb.ncl.edu.tw/portal_d7_cnt_page.php?button_num=d7&folder_id=18&cnt_id=155&order_field=&order_type=&search_field=&search_word=&search_field2=&search_word2=&search_field3=&search_word3=&bool1=&bool2=&search_type=1&up_page=1.

[2] 图书馆西文资料采用RDA之建议．[EB/OL]．[2013-12-10]．http://catweb.ncl.edu.tw/portal_d7_cnt_page.php?button_num=d7&folder_id=18&cnt_id=161&order_field=&order_type=&search_field=&search_word=&search_field2=&search_word2=&search_field3=&search_word3=&bool1=&bool2=&search_type=1&up_page=1.

[3] RDA在台湾．[EB/OL]．[2013-12-02]．http://catwizard.net/posts/20130413160033.html.

所有 RDA 相关字段；若套录的书目无 RDA 相关字段，则仿照 LC - PCC 模式，分批次修订增加符合 RDA 原则的元素的字段。

➢ 西文资料原始编目：参考 LC - PCC 订定的混合书目指导原则、RDA Toolkit、Dr. Tillett 教材，拟订《台湾"中央图书馆"西文资料采用 RDA 编目指引（初稿）》，并依据上述指引原始编目，指引若有不足，持续增补修订并公布；邀请 RDA 小组成员试做 RDA 书目，预计 2013 年 7 月开始依据 LC - PCC 建议对现行编目系统修改及书目记录回溯修订、补充、转换。

➢ 现行 Aleph 系统的调整：初期（2013 年）应用书目中心"台湾书目整合查询系统"的 FRBR 化先导查询功能，已于 2012 年完成先导系统，2013 年将公布推动；Aleph 系统的书目数据会定期转入"台湾书目整合查询系统"，可供一般使用者以 FRBR 化功能查询；待 RDA 书目记录增加到约 5,000 条后，将与书目中心及系统组共同研究，计划于 2014 年初对 RDA 书目应用该查询功能的效益进行评估，为后续 Aleph 开发 FRBR 化功能提供参考。

在该馆的推动下，台湾图书馆界对 RDA 的实施表现也十分积极：

➢ 台湾大学图书馆已在规划推动 RDA，正讨论实务的编目手册，套录数据与 LC 同步于 2013 年 3 月 31 日采用 RDA，同时也为原编采用 RDA 做准备。

➢ 淡江大学图书馆自 2012 年 10 月起已保留套录数据中 RDA 字段，2013 年 1 月起尝试套录时补齐 RDA 字段，并用 RDA 原编，原则上与 LC 同步；目前已经完成简单的 RDA 编目手册，3 月下旬将邀请相关老师为馆员进行训练，淡江大学图书馆采用 VTLS 系统，未来可加购其 FRBR 功能。

➢ 中研院图书馆套录与 LC 同步于 2013 年 3 月 31 日采用 RDA，未来规划是等全院馆员都接受 RDA 训练之后，原编即可采用 RDA。

➢ 台湾师范大学图书馆也已购买 RDA Toolkit, 已有准备可宣称采用 RDA [37]。

6.8 小结与启示

RDA 作为 AACR2 的继承和创新，从酝酿到实施，逐步由理论走向实践，期间离不开各国图书馆、相关机构的专家和学者地不断研究与探索，而美国国会图书馆作为 RDA 理论与实践的领头羊，始终致力于 RDA 从理论到实践的研究和推广，在美国国会图书馆与参编各国的共同努力下，形成了极具参考价值的理论研究成果，包括 RDA 国会图书馆政策声明、相关测试报告和培训资料及工具包等，以使各国在实施推行 RDA 过程中，能方便地借鉴现有成果，并在此基础上通过充分学习和应用，结合各国具体实际，制定相应实施策略与手册（细则）。综观国外主要图书馆 RDA 的实践道路，归纳为以下几点，为世界各国图书馆界 RDA 的实践提供参照与指导。

1. 专家引领，建立 RDA 专业团队

各国在推行 RDA 实践中，为稳步工作开展和进行有效管理，一般均组织图书馆编目界专家、学者形成 RDA 相关组织，策划、引导、组织、管理 RDA 工作的开展，确保在本国或本馆的 RDA 工作开展的一致性和稳定性，如加拿大编目委员会、欧洲 RDA 兴趣小组、澳大利亚编目委员会、台湾中央图书馆成立的"RDA 小组"等。因而在 RDA 探索阶段，成立专业团队必不可少。

2. 加强学习研究，为后期应用打好基础

各国在 RDA 实践中，一般均在前期开展了广泛的 RDA 的理论学习，编目界专家学者通过组织开展各类 RDA 讨论研究会，普及和提高本国图书界对 RDA 的认知和熟悉，为后期实践打下坚实的理论知识基础。既然 RDA 已经到来，各馆因及早应对，积极做好相关学习研究。

3. 大馆引领，以点带面，逐步推广

各国的 RDA 实践，均是以本国研究实力较强或较权威的图书馆率先开展相关研究，作为 RDA 理论与实践工作的领头羊或试点，如国家级图书馆，国家书目中心等，后期逐步带动地区性图书馆的 RDA 开展。因此在 RDA 应用上，大馆应发挥带头引领作用。

4. 因地制宜，结合现状，制定实施策略

在制订规划与策略时，各馆根据资源情况，尽量利用共享的 RDA 培训资料，结合自身情况，制定培训资料和计划，甚至通过边学边带或利用网络学习等方式，以便编目工作者能尽快掌握 RDA 相关知识。在具体应用规则方面，各国的 RDA 实践均以 LC-PCC PS 为基础，制定适合本国的 RDA 政策细则。在 RDA 实施方面，一般均考虑稳定过渡，因涉及大量遗留数据迁移，平台变化等因素，因此各馆除需掌握 RDA 编目知识外，还需要考虑好新旧数据的兼容、系统对 RDA 的支持等问题，考虑各项工作的成本、效益问题，各馆需根据各自实际情况，制定相应过渡策略和计划。

5. RDA 的网络化、国际化趋势，使各种交流不可或缺

由于 RDA 不同于以往的编目规则，国际性，网络化带来内容的经常修订与变化，作为新一代书目数据内容标准，各国、各馆应加强协作，共同修订，通过不断学习和交流，共同推进与实施。

6. 克服语言障碍，降低使用成本，推广应用

RDA 在各国推进缓慢的原因有很多，原因一是非英语目母作品，在使用规则上存在语言障碍，习惯使用目语的编目员呼吁尽早推出各语种版本，因此有条件的机构积极参与与推进适合本国

的 RDA 版本翻译工作非常重要，目前已完成 RDA 的中文版、法语版、德语版、西班牙语版纸版翻译，而工具包的非英语版翻译在因是下一步考虑的计划；原因二是 RDA 工具包是使用 RDA 必不可少的网络参考工具，但就目前来看，各馆需要负担的使用成本过高，很多馆难以支出，这既是 IFLA，JSC 等相关机构需要考虑的问题，也是各国国家图书馆等机构需要呼吁与关注的方面。

到目前为止，5 个参编国中的 4 个国家的国家图书馆都于 2013 年第一、二季度全面实施了 RDA，德国国家图书馆虽然距离当初的实施计划有所改变，但也已明确最晚将于 2015 年底全面实施 RDA 编目。据欧洲 RDA 兴趣小组（EURIG）9 月调查表明，32 个成员中 13 个明确计划实施 RDA（2012 年调查时仅 4 个），目前完整的调查报告已准备完毕，很快将在 EURIG 网站进行发布。新西兰国家图书馆（National Library of New Zealand）、马来西亚国家图书馆（National Library of Malaysia）等越来越多的国家图书馆与条件具备的全球各地区图书馆也紧紧跟随 OCLC 的步伐（见 OCLC RDA Policy Statement）开始实施 RDA。可以看出 RDA 在全球图情、出版、文博以及信息等领域显得越来越重要，推广与应用的速度也不断加快，RDA 的时代已经到来。

第 7 章　RDA 在中国的应用和发展

7.1　RDA 中国大事记

7.1.1　理论探讨

国内图书馆界自 2000 年以后开始对 RDA 进行理论研究和探讨，研究的方向主要有以下几个方面：

1. 分析 RDA 产生的背景和历史演进。其中包括编目规则的演变历程、"书目记录的功能需求"（FRBR）作为 RDA 理论基础所提供的揭示书目记录结构和关系的理念、RDA 诞生的国际背景及编制过程。相关的论文有：胡小菁的《＜资源描述与检索＞的酝酿、编制与实施》、顾犇的《文献编目领域中的机遇和挑战》、张秀兰的《从 AACR1 到 RDA——〈英美编目条例〉的修订发展历程》、吴丽杰的《FRBR 理念及其对 RDA 的影响》以及霍艳蓉的《浅议编目员如何应对 RDA 的到来》等。

2. 介绍 RDA 的概况。从 RDA 的名称、目标和进展、内容对 RDA 做详尽的分析，揭示 RDA 的影响力，试图在图书馆及其以外领域得到应用，制定一套适用于网络环境的规则，面向所有资源，且能适应数字世界的国际化编目的普遍需求。与之相关的论文包括：吴晓静的《RDA 与其中文译名》、《RDA——资源描述与检索的新标准》、胡小菁的《RDA 的国际化战略》、吴晓静的《从 AACR2 到 RDA 的内容变化》、黄国忠，谢美萍的《数字环境著录新进展——RDA概述》、冯亚惠的《AACR的替代品——资源描述与检索（RDA）介绍》等。

3. RDA对编目界的影响。RDA对国内编目界和图书馆界的影响主要包括两方面，一是RDA的中文名称术语统一规范的问题，二是RDA对我国图书馆文献信息编目工作及规则修订的影响。相关的论文有：顾犇的《从RDA想开去》、高红的《RDA标准及理念对我国文献编目工作的启示》、吴雷的《<中国文献编目规则>与<资源描述和检索>编修机制比较研究》、宋登汉，周迪，李明杰的《基于RDA的中国古籍版本资源描述设计》等。

4. RDA编目实践。随着相关研究的深入，一些研究开始针对于RDA在实际编目过程中的实践操作问题，例如针对普通图书、电子资源等文献类型，如何用RDA进行编目。发表的论文有：王忠红的《RDA描述的不同：以普通图书为例》、庄蕾波、胡小菁的《RDA中文电子资源著录实务》等。

通过对中国知网、万方、维普三大学术期刊数据库的分析，国内图书馆界在学术论文发表方面，对RDA的研究总体数量分布如下：

搜索数据库：中国知网、万方、维普

搜索关键词：RDA、资源描述与检索、Resource Description and Access

通过搜索，并去除重复的论文，自2006年2月至2013年7月，RDA直接相关的研究论文发表数量为69篇，分别发表于23种国内出版物上，具体时间分布及出版物分布情况如图7.1所示：

表7.1　RDA论文发表数量出版物分布统计

出版物名称	论文数量（篇）
图书馆杂志	9
图书馆建设	8
数字图书馆论坛	6

续表

出版物名称	论文数量（篇）
现代情报	5
国家图书馆学刊	5
图书馆学刊	4
图书情报工作	4
中国图书馆学报	3
新世纪图书馆	3
图书馆论坛	3
大学图书馆学报	3
图书情报工作网刊	2
图书情报工作动态	2
图书馆	2
山东图书馆学刊	2
中国科教创新导刊	1
现代图书情报技术	1
图书与情报	1
图书馆学研究	1
图书馆工作与研究	1
情报资料工作	1
辽宁师范大学	1
大学图书情报学刊	1

从上述统计数据可以看出，国内发表的 RDA 的研究论文数量在逐年增加，尤其是在 2010 年以后，论文数量增长明显。从发文的内容来说，早期主要侧重于对 RDA 产生的背景、发展历史、概况、与 AACR 的比较等介绍，主要是对国外 RDA 发展情况的介绍与追踪，后期则开始关注 RDA 的具体应用问题，并结合国内编目规则，探索 RDA 应用于国内编目工作的可能性。

从发文的总量来看，相比图书馆其他领域的研究，对于 RDA 的研究成果数量上相对较少，关注 RDA 的群体也主要集中在图

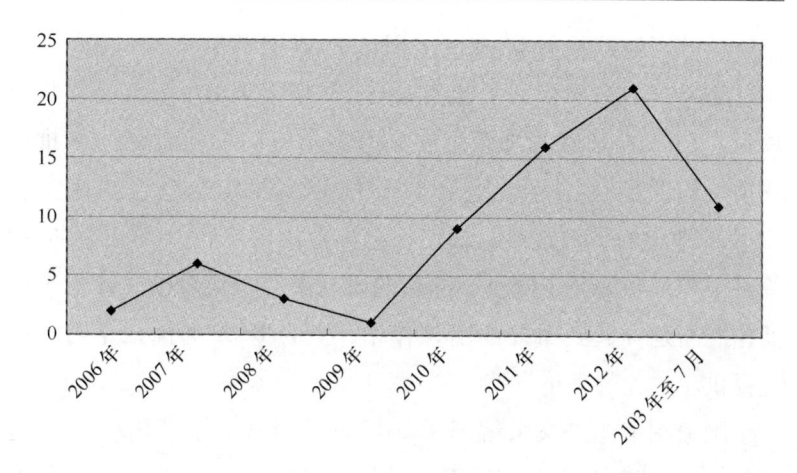

第 7 章　RDA 在中国的应用和发展　　155

图 7.1　RDA 论文发表数量年度统计表

书馆编目界，对于国内编目实践的影响和对策，以及对编目员的影响，论述上比较笼统，尚需更深入的研究。RDA 在国内的应用以及对中国编目规则的影响，仍待更具体、更完整的探索，尚无系统化的理论成果出现。

7.1.2　翻译引入与理论追踪研究

早在 2010 年初，国家图书馆的顾犇进行了 FRAD（规范数据的功能需求）的中文翻译工作，并在当年上载到 IFLA 的官网，可谓是国内进行相关中文翻译引入的先驱者。

为了扩大国内编目界对 RDA 的接受度，国家图书馆与 CALIS 联机联合编目中心自 2012 年 5 月正式启动 RDA 全文的中文翻译工作，2013 年 6 月，译本初稿已经顺利完成，目前已进入到最后的发行阶段。国家图书馆出版社已获得美国图书馆协会出版社的官方授权，预定年内就能完成译本的出版发行；台湾图书馆编目界也已翻译出一个 RDA 培训资料，并且结合岛内图情界、学界、实务界、资讯界成立 RDA 工作小组，积极顺应 RDA 的发展趋势。

除了翻译 RDA 全文，国内几家图书馆也率先开展对 RDA 的研究，其中尤以国家图书馆走在前列。早在 2007 年，国家图书馆就批准实施馆级科研项目"RDA 的进展及其影响研究",对 RDA 的产生与现状进行了初步探研;2012 年 8 月,馆级重点科研项目"RDA 在国家图书馆的实施方向及应用策略研究"被批准立项。该课题就如何采用 RDA 进行信息组织工作、如何实现 RDA 本地化的平稳过渡、如何在全国范围内进行 RDA 推广应用等一系列问题展开了探究。国图的研究课题不仅对中文译本工作的拓展与延伸起到重要的引领作用,更为 RDA 的深入学习、研究提供了强大的理论支持。

国家图书馆外文采编部于 2013 年 5 月成立了"RDA 动态追踪学习小组",兵分三组对 RDA 展开信息追踪。其中,一组负责搜集国内著名编目专家顾犇、胡小菁等人在博客上发布的相关消息,对经由专家筛选、阐释的内容进行摘录和延伸追踪;二组负责 RDA Toolkit 网站上 "news"、"development" 和 "blog" 三个板块的翻译,对其中有价值的部分进行概括总结;三组负责利用馆藏外文期刊全文数据库查找并整理 RDA 研究论文,对国外重要科研成果进行整合。目前,三个工作组已经完成第一阶段的追踪任务,并将搜集到地信息及时与全国的编目同行共享[①]。可以预见,一旦 RDA 中文版翻译面世,再配合前期充分的理论研究和动态追踪,将极大的促进 RDA 被国内图书馆界广泛认知与接受,并对快速推进 RDA 在国内的应用起到决定性作用。

7.1.3 相关培训

作为国内 RDA 实践推动的先行者,国家图书馆于 2012 年 7 月 13 日在北京成功举办了一次 RDA 培训班以及相关研讨会,会上国际编目界著名专家、美国国会图书馆政策与标准部主任、RDA 发展联合指导委员会主席芭芭拉? B? 蒂利特(Dr. Barbara

---

① 《国家图书馆外文采编部开展 RDA 研究工作进展》. [EB/OL]. [2013-09-23]. http://dangjian.ccnt.com.cn/jcdj.php? col=151&file=40114.

B. Tillett）作为培训教师，向来自全国各地编目领域的专家学者及图书馆专业馆员共计 200 余人传授 RDA 的相关知识，宣传 RDA 的研究成果，探讨 RDA 未来走向。

在为期两天半的培训中，芭芭拉·B·蒂利特女士详细讲解了 RDA 的历史沿革、发展现状、结构框架、编目实践、测试情况以及未来展望等方面的问题。在培训之后进行的专家研讨会中，参会各方分别对国内编目界的历史与现状、RDA 与 ISBD 等其他编目标准的关系、RDA 对现有中国编目标准的影响及其在国内的应用前景等问题展开了深入热烈的讨论，并对 RDA 在我国实施的前景及对策逐步达成了共识①。

作为 RDA 在国内图书馆较早的实践者之一，上海图书馆在 2012 年 6 月正式成立 RDA 小组，启动 RDA 应用推广研究项目，并分别在 2013 年 1 月和 2013 年 7 月，举办 RDA 培训班。分别针对上海图书馆编目员及相关上下游人员进行过普及性的培训和邀请到了加拿大麦吉尔大学编目专家针对 RDA 著录方法进行现场交流与授课，为上海图书馆编目员正式启用 RDA 编目做了充分的前期准备。

7.1.4 网上认知调研

自 2011 年 11 月美国国会图书馆开始部分采用 RDA 进行编目起，至 2013 年，美国的三家国家级图书馆，连同参与编制 RDA 的英国、加拿大和澳大利亚国家图书馆均已完全使用 RDA 进行编目，五个参编国之一的德国国家图书馆虽改变了 RDA 计划，但也已明确了使用 RDA 的时间，可以说西方编目界已达成共识，完成了由 AACR2 向 RDA 转变的关键一步。在此背景下，RDA 在我国的应用前景就成了一个迫待解决的问题，从之前的理论研究

---

① 《国家图书馆成功举办"RDA 理论与实践"培训班暨"RDA 在中国的实施和挑战"研讨会》．[EB/OL]．[2013 - 09 - 23]．http：//dangjian.ccnt.com.cn/zx-dt.php? col = 550&file = 356772012 - 07 - 13.

统计看，RDA 的关注群体主要集中在图书馆的编目界，而在图书馆相关的更广泛的领域里，人们对 RDA 的认知程度还有待提高。正基于此，美国雪城大学信息学院的李恺在 2012 年 2 月 28 日开始，对图书馆相关领域的人群进行了"国内 RDA 认知度调查"①，希望能够更详细地了解国内编目员或者相关的图书馆员对 RDA 的了解程度，以及他们对于 RDA 实施中的各种问题的认知。

该问卷从 2012 年 2 月 28 日上线，至 2012 年 3 月 30 日结束，采用网络的形式，使用了"问卷星"在线调查平台。调查最后共计收到 182 份问卷，最终统计后有效问卷为 180 份。

李恺的问卷分析中，一定程度上反映出目前国内业界对 RDA 的了解程度，以下几点尤其引人关注：

第一，国内图书馆界对于 RDA 的认知较少，认知来源也多集中在博客、论文这类二次文献，通过 RDA 编目规则本身认知的占比较少，可见 RDA 中文翻译的必要性和迫切性；

第二，作为 RDA 规则最主要的媒介，于 2010 年 6 月上线的 RDA 工具包（RDA Toolkit）在国内的实际使用人群很少，根据李恺的问卷 179 个调查样本中，仅有 9.5% 的被调查者曾经使用过 RDA 工具包，可见国内编目界真正启动 RDA 编目工作的图书馆并不多，大多数人处于理论接触阶段；

第三，国内编目人员接受 RDA 规则培训的人数仍然很少，但普遍都有接受培训的意愿，可见国内在 RDA 实践方面的培训力度仍需加大，像国图、上图这些走在国内 RDA 编目前列的机构应在国内 RDA 推广方面发挥更积极的作用；

第四，从对 RDA 数据的套录情况来看，虽然国内图书馆界对于 RDA 的认识并不深入，但随着西方编目界全面过渡到 RDA 时代，RDA 在国内的应用虽被动但也可谓是大势所趋，客观上也

---

① 李恺. 国内 RDA 认知度调查结果. 数字图书馆论坛 [J]．2012（8）：p.18 - 27.

第 7 章　RDA 在中国的应用和发展

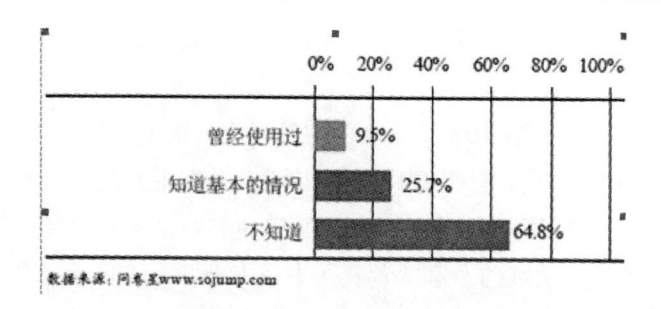

图 7.2　调查结果显示被调查者是否使用过 RDA 工具包（样本量为 179）

迫使国内业界加快步伐尽快对 RDA 进行研究与应用。

7.1.5　国内 RDA 实施案例

随着 OCLC - WorldCat 中以 RDA 编制的书目数据日益增多，尤其西文数据越来越多地以 RDA 的方式出现。自 2012 年起，为适应这一新的编目趋势，上海图书馆率先尝试研究 RDA 编目：成立 RDA 应用研究小组，对原有西文编目规则进行修订，探讨 RDA 数据导入本地系统的可能，配合系统部门对系统作 RDA 适应性调整，组织培训，对所有编目人员进行细致培训，并通过认真研读 RDA 规则结合上海图书馆编目具体情况，制定了上海图书馆的"西文 RDA 编目细则"（指南）。自 2013 年 7 月起，上海图书馆已正式将 RDA 数据上传至 OCLC - WorldCat 数据库，并获得 OCLC 总部质量控制部门的好评。

1. 成立 RDA 小组，进行探讨和规划

2012 年上海图书馆采编中心正式成立 RDA 小组（以下简称"小组"），启动 RDA 应用推广研究项目。上海图书馆内部形成多部门合作机制，为 RDA 项目的推广创造机会，提供更好的平台。

此后，小组对上图西文编目规则进行修订，对 RDA 概念的外延和内涵，在 RDA 大趋势下上海图书馆中文编目规则今后的

发展，及上海图书馆应对 RDA 数据系统转换方面的问题进行了初步探讨。

为更好地了解 RDA 这一新的编目方式，小组一行 6 人赶赴北京，参加由国家图书馆和中国图书馆学会共同主办的"RDA 理论与实践"培训班暨"RDA 在中国的实施和挑战"研讨会。来自全国各地编目领域的专家学者及图书馆专业馆员 200 余人参加了此次会议。会议由国家图书馆外文采编部的顾犇主任主持，国际编目界知名专家、美国图书馆政策与标准部主任、RDA 联合指导委员会主席芭芭拉. B. 蒂利特（Dr Barbara B. Tillett）主讲。

同时，小组对 RDA 今后在上海图书馆的实践方向进行了初步探讨与规划，包括元数据结合方式，数据在本地系统呈现方式，以及对哪些数据首先进行 RDA 编目，还涉及数据导入系统转换方面的问题，涉及 RDA 方式下的 MARC21 相应字段的本地系统参数调整等。

2. 建立培训和激励机制，编制 RDA 记录

上海图书馆举办了由纪陆恩、庄蕾波主讲的 RDA 培训，为编目员逐步使用 RDA 做好准备。此后，小组召开 RDA 工作阶段性会议。对上图 RDA 编目实现方式，RDA 编目员培训工作以及 RDA 编目测试阶段的工作安排达成了共识。

为了进一步实现 RDA 的信息共享，了解 RDA 工作的实施进展情况，2013 年 6 月，由上海市图书馆学会信息资源组织分委会、上海图书馆上海市文献联合编目中心、交大图书馆联合组织举办了一次 RDA 的培训交流会。会上李芳、胡小菁、纪陆恩分别就 RDA 的前景及应用、RDA 从基础到实务、OCLC 的 RDA 政策与上海图书馆 RDA 应用等做了交流。

由于 RDA 数据的编制不仅仅是编目人员的工作，还需要更好的技术手段支持，上图召开了 RDA 在上海图书馆应用调研分析会。会上小组向馆所汇报了前期调研成果，提出了需解决 RDA 在上图编目 Horizon 系统应用方面的兼容问题，并确定了 RDA 应

用先从上海图书馆西文编目和为境外图书馆委托编目的中文多语种编目入手。上图的 RDA 编目研究将本着"早实践,早研究,出成果"的原则,集结全馆所的力量,保持资源共享,保持跨部门合作,尽快将 RDA 编目研究与实践发展为有效成果。此外,上图还邀请了加拿大麦吉尔大学资深编目专家进行授课,以交流讨论的方式,从 RDA 著录实践出发,理论联系实际,加深对 RDA 的学习与研究。

此外,上海图书馆采编中心探索相应机制,以激励、推动 RDA 的应用,鼓励员工学习交流与总结。在绩效考核机制上体现出编目员对 RDA 数据的贡献,引导员工多做 RDA 编目。

在筹备了一年多时间后,上海图书馆已成为国内首家以 RDA 规则编制记录的图书馆,并上传 OCLC-WorldCat 数据库(见附录 1 上海图书馆上传 OCLC 境外编目 RDA 数据样例),数据质量获得 OCLC 肯定,见图 7.3。为更好开展后期工作,上海图书馆将在实践中不断完善前期制定的 RDA 编目细则,提高数据编制质量。

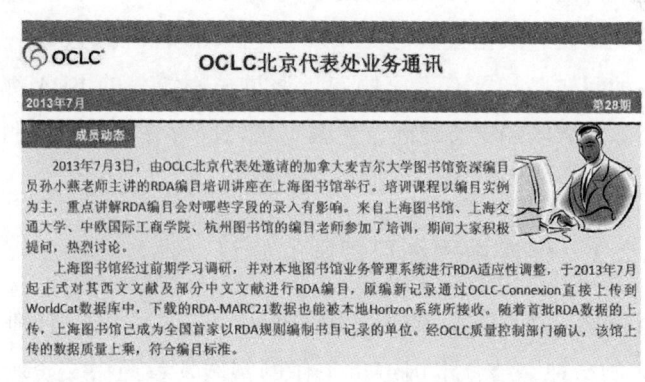

图 7.3　OCLC 对上海图书馆上传 RDA 数据质量的反馈

2013 年 10 月 20 日,在国家图书馆、中国图书馆学会信息组织专业委员会联合主办的"第三届全国文献编目工作研讨会"上,来自上海图书馆的代表被邀请作"RDA 在上海图书馆实践"

的大会主题报告，发言紧密结合上海图书馆前期取得的经验以及 RDA 发展趋势，通过与全国各地同行的分享，激起了大家对 RDA 应用的热情，会后不少图书馆联系了上海图书馆采编中心，了解在 RDA 应用方面的实践情况以及作进一步的探讨交流。

7.2 RDA 对国内图书馆的影响

目前来说，国内业界所注意到的 RDA 对我国图书馆界及编目界的影响主要有以下 2 个方面，一是 RDA 中文名称术语统一规范问题，这个问题吴晓静[①]曾撰文探讨过，她在文章中仔细比对了"资源著录与检索"、"资源描述与检索"和"资源描述与存取"，此外还有"资源描述和检索标准"、"资源描述与存取规范"和"资源描述与取得"几个不同中文译名并引证有关词典释义后，认为取"资源描述与检索"作为国内统一规范的中文译名有利于对这一规则的进一步研究。另一个问题是 RDA 对国内编目规则修订的影响。面对编目国际化的发展趋势，各国采用相对一致的规则便利数据交换与资源共享，国内编目规则不统一而引发的各种问题，甚至有专家倾向于通过采用统一的 RDA 编目规则来消除各大联编中心之间，各图书馆之间存在的各种编目规则上的差异。

7.2.1 促进中国编目规则的修订

国家图书馆本着等效采用 ISBD，基本采用、个别改动 AACR2 的精神，结合本国编目工作的实践，参照中文资料的特性，在国际编目原则的框架之下，对中国编目规则进行持续修订，与 RDA 配合。RDA 实践 ICP 的基本原则，将标准化、一致性规定为 RDA 的原则之一，并将"用户的便利性"确定为最高

---

① 吴晓静. RDA 与其中文译名. 图书馆工作与研究 [J]，2008 (1)：p. 25 - 28.

原则。中文编目规则的修订应全面贯彻标准化、统一化和用户至上三原则,并以"用户至上"为最高原则,在服务于用户的前提下,追求最大范围的标准化与统一化;对编目规则实际应用中的不规范、不统一,须依据用户任务做出评估,求大同存小异,使标准化真正转化为用户的利益[①]。我国编目等相关业界已洞察到 RDA 对国内文献信息描述工作和规则修订等将产生的影响,指出按照 RDA 的角度开展编目工作,将使图书馆避免回溯修改,减少对图书馆整合系统的影响,同时提请业界注意编目规则的使用范围拓展后图书馆与其他领域的协调与统一工作[②]。目前全国文献标准化委员会第九分委会正考虑通过制定新的"资源描述"国家标准,引入 RDA 载体表现相关元素,推进各相关单位对 RDA 的应用。

7.2.2 扩大中文编目范围

目前的中文编目资源共享范围仍很狭窄,应思考拓展的可能性和及时性,并降低成本,应视国际编目环境为单一环境,享受权利的同时也要尽其义务,并积极与香港、台湾等华语地区合作。中文编目工作建议以 FRBR(包括其在规范领域的扩展 FRAD)为基本架构,以国际编目原则为基本依据进行修订,在编目工作的原则、观念与方法上借鉴 RDA,使新的编目规则能适应新的信息环境下多种资源类型、多种信息传输与显示方式的需求,促进共享。相关领域在开展上述工作时,注重在继承与变革,促进中西文编目思想的融合;规则修订要适当考虑图书馆自动化环境,关注用户利益以及国际化与民族化的统一;编目工作

---

① 蔡惠霞. RDA 对我国编目工作的启示. 图书馆学刊 [J], 2012 (3): p.37 - 39.

② 冯亚惠. AACR2 的替代品—资源描述与检索(RDA)介绍 [J]. 图书情报工作, 2007 (1): p.129 - 131.

需要原则指导，编目理念从教条主义向实用主义转型等①。同时，《中国文献编目规则》修订时建议多借鉴 RDA 成功的实践经验与完善的编修机制，这样才能在我国编目规则修订工作上做得更好②。

7.2.3 常设中文编目工作与规则修订的组织管理机构

中文编目规则的制订与修订都只有临时性的编辑委员会，编目规则一经颁布即完成使命，至于规则的实施推广、疑难解答、沟通反馈等都缺乏有效的管理机制，由于没有常设的指导机构，造成编目规则在实际应用中不规范、不统一。因此，中文编目需设立常设性指导机构，建立完善的组织管理机制，保证编目规则顺利实施，而且为使编目规则在制订及修订过程中尽可能全面反映各方的意见与利益，常设性指导机构的沟通、协调、管理作用也是必不可少的③。

此外，有研究人员认为，中国古典文献传承和古代目录学思想及实践反映和折射了一些 RDA 的特点和因素，他们并从中国古籍的名称规范、题名规范、书目数据描述、馆藏数据描述等 4 个方面构思和设计了基于 RDA 元素的古籍版本资源描述框架④．

---

① 高红. RDA 标准及理念对我国文献编目工作的启示 [J]. 国家图书馆学刊，2008（1）：p. 65 – 69.
② 吴雷．《中国文献编目规则》与《资源描述与检索》编修机制比较研究 [J]. 图书馆建设，2010（7）：p. 69 – 73.
③ 王绍平. RDA 与中文编目规划. 国家图书馆学刊 [J]，2011（2）：p. 9 – 15.
④ 张秀兰. 从 AACR1 到 RDA0 –《英美编目条例》的修订发展历程. 图书馆建设 [J]，2006（2）：p. 44 – 47.

附录

附录1：上海图书馆应用研究部上传 OCLC RDA 中文数据样例

样例1）

OCLC	862849888	Held by SLY - no other holdings

图书		Rec stat	c	Entered	20131112	Replaced	20131113211409.0
Type	a	ELvl	I	Srce	d	Audn		Ctrl		Lang	chi
BLvl	m	Form		Conf	0	Biog		MRec		Ctry	cc
		Cont		GPub		LitF	1	Indx	0		
Desc	i	Ills		Fest	0	DtSt	s	Dates	2013		

040		SLY ‡b eng ‡e rda ‡c SLY ‡d OCLCO
066		‡c $1
020		9787229060022 (paperbook)
020		7229060029 (paperbook)
041	1	chi ‡h ger
050	4	PT2673.E6827 ‡b N33 2013
082	0 4	833.9 ‡2 23
092		‡b
049		SLYA
100	1	Bieri, Peter, ‡d 1944- ‡e author.
240	1 0	Nachtzug nach Lissabon. ‡l Chinese
245	1 0	里斯本夜车 = ‡b Nachtzug nach lissabon / ‡c 帕斯卡·梅西耶 (Pascal Mercier) 著 ; 赵英诚.
245	1 0	Lisiben ye che = ‡b Nachtzug nach Lissabon / ‡c Pasika Mexiye (Pascal Mercier) zhu ; Zhao Ying yi.
246	3 1	Nachtzug nach Lissabon
250		第1版.
250		Di 1 ban.
264		1 重庆 : ‡b 重庆出版社, ‡c 2013.
264		1 Chongqing : ‡b Chongqing chu ban she, ‡c 2013.
300		437 pages ; ‡c 21 cm
336		text ‡b txt ‡2 rdacontent
337		unmediated ‡b n ‡2 rdamedia
338		volume ‡b nc ‡2 rdacarrier
500		Fiction.
534		‡p Originally published: ‡c Munchen : C. Hanser, 2004. ‡b 1st ed.
546		Text in simplified Chinese.
700	1	赵英, ‡e translator.
700	1	Zhao, Ying, ‡e translator.

样例2）

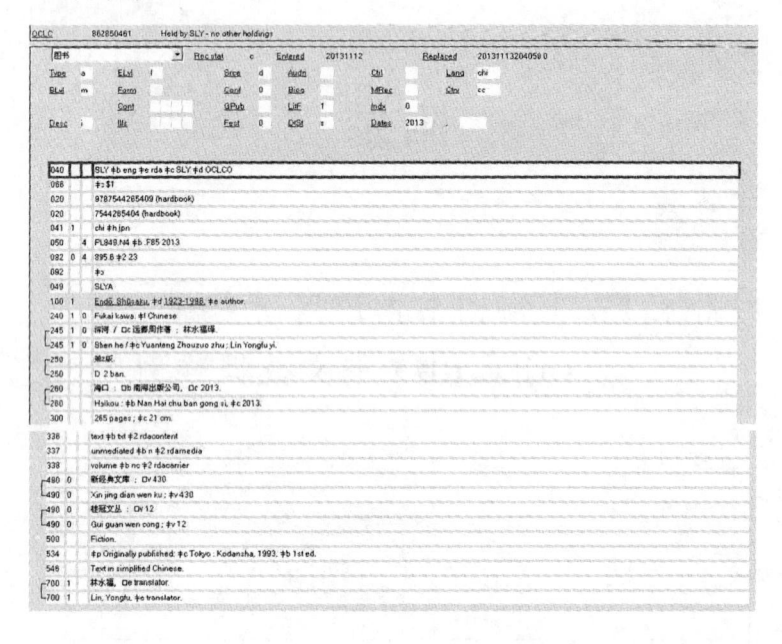

040		SLY ‡b eng ‡e rda ‡c SLY ‡d OCLCO
066		‡; $1
020		9787544265409 (hardbook)
020		7544265404 (hardbook)
041	1	chi ‡h jpn
050	4	PL848.N4 ‡b .F85 2013
082	0 4	895.6 ‡2 23
092		‡o
049		SLYA
100	1	Endō, Shūsaku, ‡d 1923-1996, ‡e author.
240	1 0	Fukai kawa. ‡l Chinese
245	1 0	深河 / ‡c 远藤周作著；林水福译.
245	1 0	Shen he / ‡c Yuanteng Zhouzuo zhu ; Lin Yongfu yi.
250		第2版.
250		D 2 ban.
260		海口 : ‡b 南海出版公司, ‡c 2013.
260		Haikou : ‡b Nan Hai chu ban gong si, ‡c 2013.
300		265 pages ; ‡c 21 cm.
336		text ‡b txt ‡2 rdacontent
337		unmediated ‡b n ‡2 rdamedia
338		volume ‡b nc ‡2 rdacarrier
490	0	新经典文库 ; ‡v 430
490	0	Xin jing dian wen ku ; ‡v 430
490	0	桂冠文丛 ; ‡v 12
490	0	Gui guan wen cong ; ‡v 12
500		Fiction.
534		‡p Originally published: ‡c Tokyo : Kodansha, 1993. ‡b 1st ed.
546		Text in simplified Chinese.
700	1	林水福, ‡e translator.
700	1	Lin, Yongfu, ‡e translator.

样例 3）

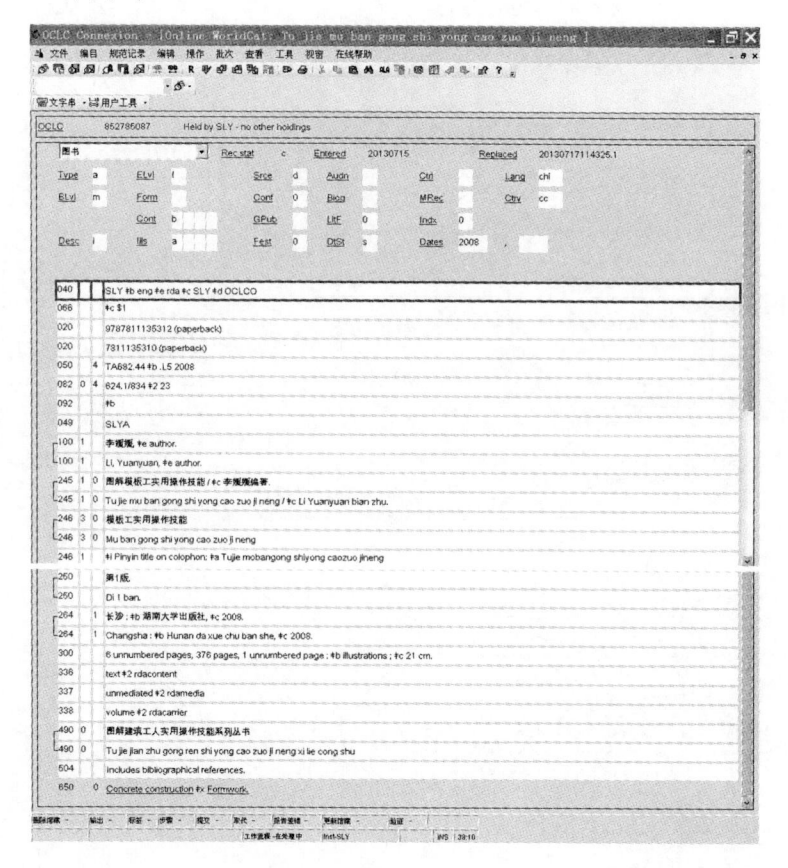

样例4）

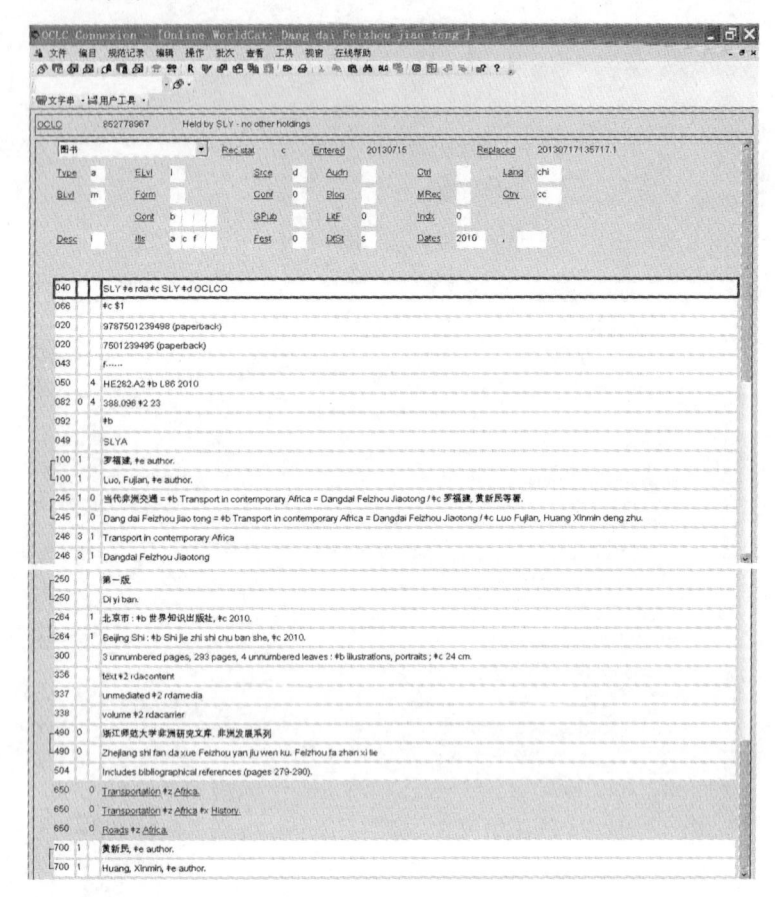

样例5)

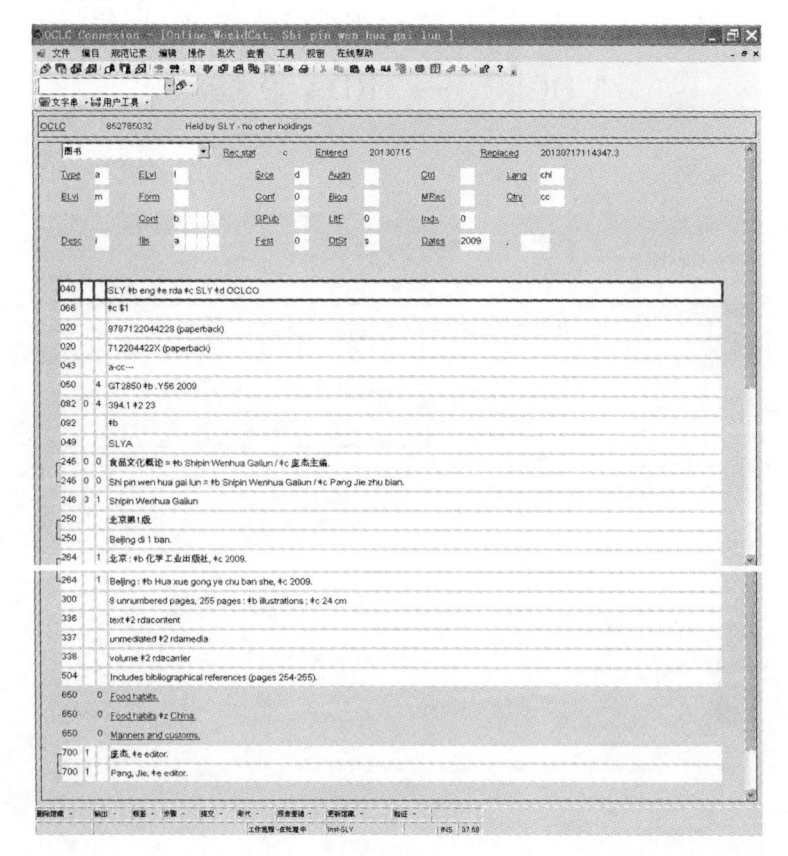

附录2：上海图书馆外文采编部上传 OCLC 外文 RDA 数据样例

样例1）

样例2）

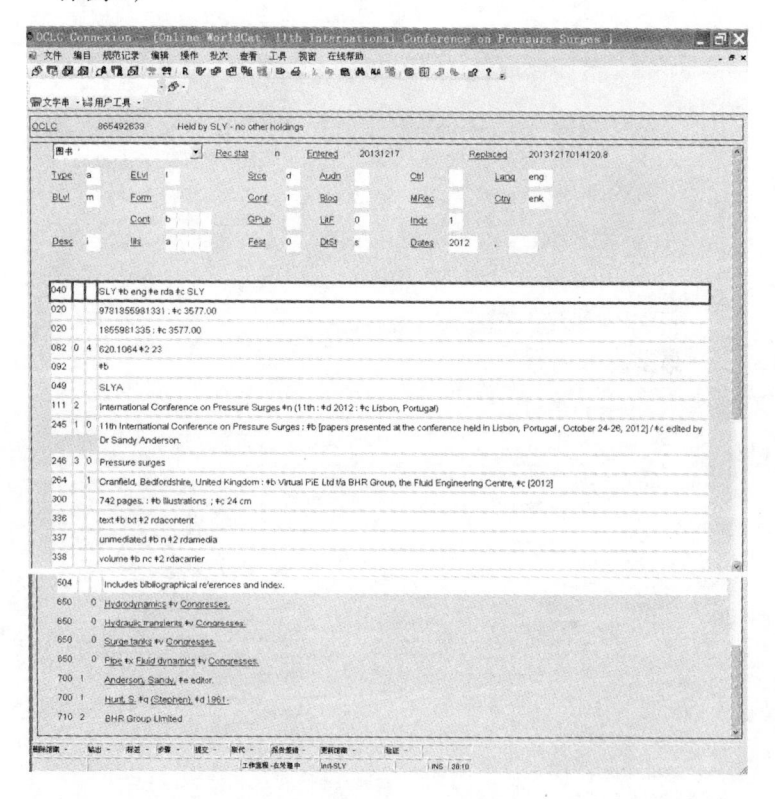

172   RDA：从理论到实践

样例3）

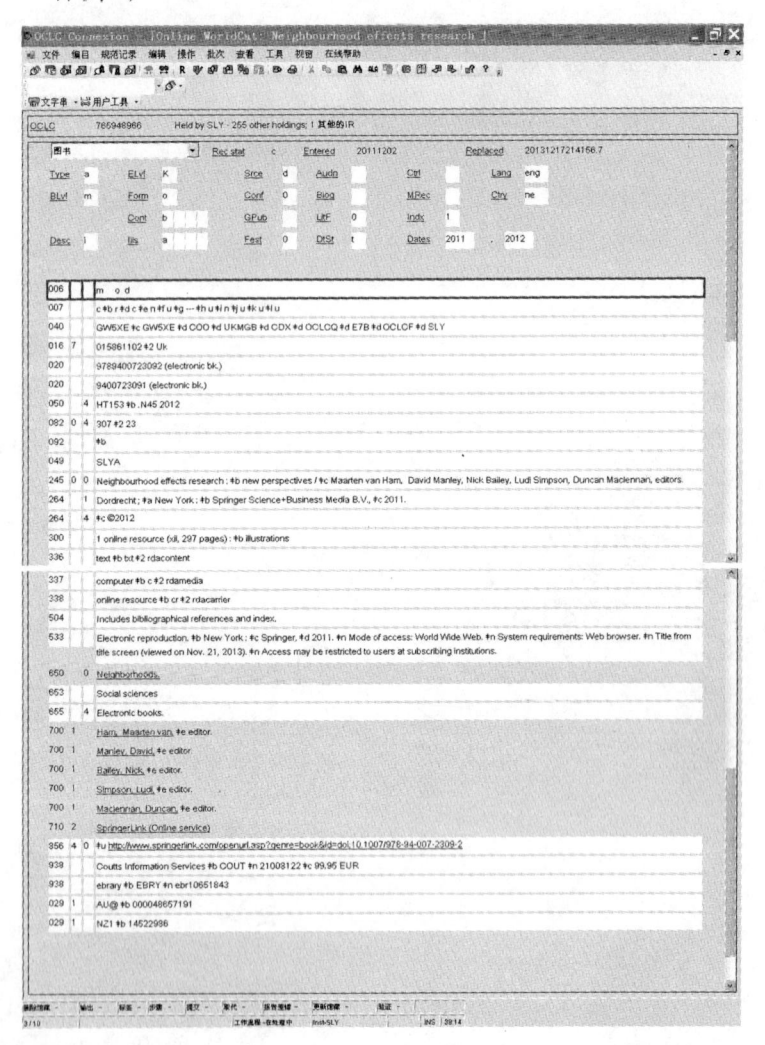

样例4）

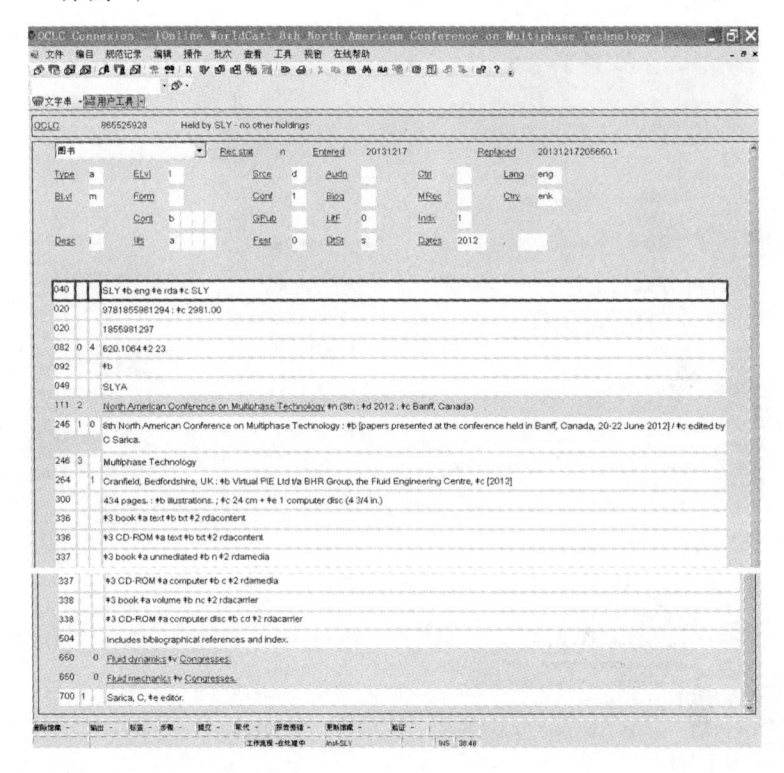

样例5）

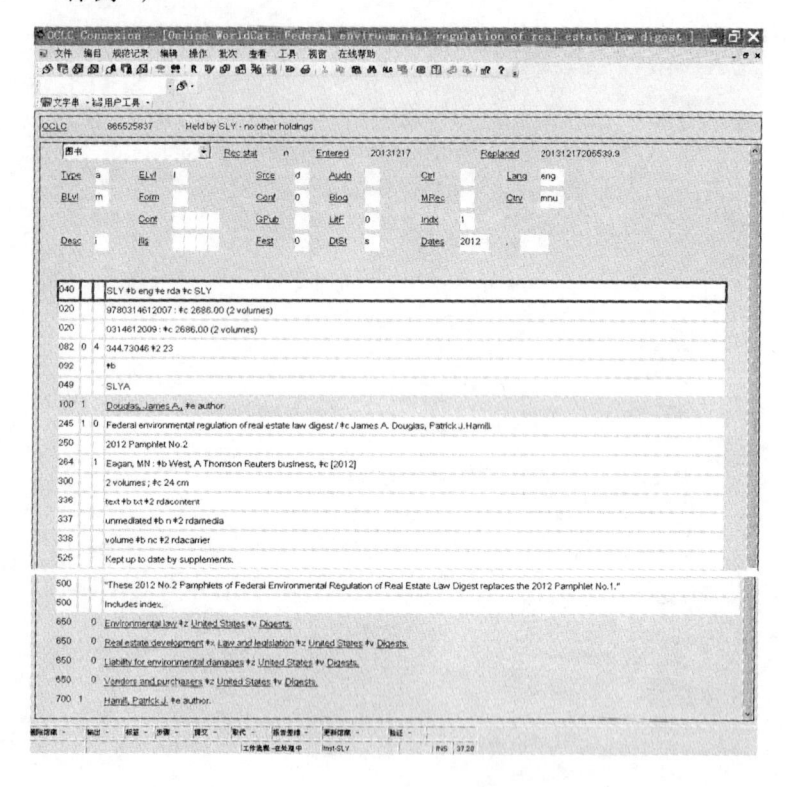

040		SLY ‡b eng ‡e rda ‡c SLY
020		9780314612007 : ‡c 2686.00 (2 volumes)
020		0314612009 : ‡c 2686.00 (2 volumes)
082	0 4	344.73046 ‡2 23
092		‡b
049		SLYA
100	1	Douglas, James A., ‡e author.
245	1 0	Federal environmental regulation of real estate law digest / ‡c James A. Douglas, Patrick J. Hamill.
250		2012 Pamphlet No.2
264	1	Eagan, MN : ‡b West, A Thomson Reuters business, ‡c [2012]
300		2 volumes ; ‡c 24 cm
336		text ‡b txt ‡2 rdacontent
337		unmediated ‡b n ‡2 rdamedia
338		volume ‡b nc ‡2 rdacarrier
525		Kept up to date by supplements.
500		"These 2012 No.2 Pamphlets of Federal Environmental Regulation of Real Estate Law Digest replaces the 2012 Pamphlet No.1."
500		Includes index.
650	0	Environmental law ‡z United States ‡v Digests.
650	0	Real estate development ‡x Law and legislation ‡z United States ‡v Digests.
650	0	Liability for environmental damages ‡z United States ‡v Digests.
650	0	Vendors and purchasers ‡z United States ‡v Digests.
700	1	Hamill, Patrick J. ‡e author.

样例6)

结束语

RDA 在中国

RDA 从 2010 年推出，得到了除英语国家之外的一些欧洲国家的响应，做了大量测试工作，已于 2013 年在美国、加拿大、澳大利亚等多个国家正式实施。RDA 的正式启用以及其要成为一种国际性的编目规则的目标，为中国编目界提出了新的课题：我们应该如何应对？

中国现代编目规则起步较晚，开始时主要是参考国际上的规则，并考虑到中国出版物的具体情况。现有的《中文文献编目规则》以 ISBD（著录部分）为基础，用于指导中文资料的编目工作，而外文资料是依据《英美编目条例》第二版（AACR2）进行编目的，因此国内编制的《中国文献编目规则》和《西文文献著录条例》里，都在一定程度上参考了 AACR2 和 ISBD。

不管在何种程度上参考或采用了 AACR2 里的规则，中国是直接采用 RDA 作为国际编目规则，还是自己做一个本地版，修订《中国文献编目规则》，这是一个需要亟待明确的问题。

编目规则是为了统一标准而制订，其主要目的是为了国际交流。编目界著名学者顾犇指出，"我们做出来的书目数据，要能提供给国际同行使用，能让大家都看懂，能进行数据比对和匹配。在这种环境下，一味讨论中国的特点又有什么意思呢？即使我们的观点是对的，但是我们的数据不能给别人用，我们的工作又有什么价值呢?"① 从这个意义上讲,将 RDA 直接翻译成中文,直接采用为中国国内的编目规则,才是应有之义。

2013 年 RDA 中文版的翻译和出版,使得在国内推行 RDA 成为可能。至少,外文编目工作可以直接采用 RDA。在将 RDA 的内容翻译成中文的工作中,译者无疑将碰到一些他们认为在中国的编目环境中有必要重新考虑的内容,与 RDA 联合指导委员会合作,共同提出一些改进建议,帮助该委员会完善 RDA 中的说明,相信中国将做出积极的贡献。

展 望

过去,我们通常将编目仅仅看做是创建书目记录(著录中的标目字符串用于检索),用于卡片目录和联机公共检索目录(OPAC)的线性显示。大部分书目机构都采用自上世纪 60 年代晚期或 70 年代机读格式出现以来的模式,在整合性的自动化系统中,利用机读编目格式建立独立的书目记录。这些记录可能连结或未连结到其他记录,或者可能依输入日期、出版日期、著者、题名、主题等,以线性方式呈现文字结果。

自 2009 年以来,愈来愈多有关网络环境和信息检索的文献,提醒我们应以简单、易用、低价的方式,随时提供用户所需的资料。并提醒我们传统目录对于书目和权威检索点的组织方式,只是书目世界中信息组织的方式之一,而非唯一的方式。应以更多样化的方法组织信息,将图书馆馆藏和图书馆以外的相关资源,通过更多样的方式提供用户使用。

今天,图书馆界正在朝着这个方向努力,所有资源应该都可以像 Amazon、Google、Yahoo 在网络上被自由使用。这些资源可能来自出版者、作者、图书馆或其他机构,可以让任何人进行补全,也可以让用户在任何时间、任何地方进行查询。更弹性、更

---

① 顾犇. 从 RDA 想开去 [J]. 数字图书馆论坛,2010,12:19-20.

有助于让用户查到编目结果，更重要的是提高图书馆资料在全球网络环境中的揭示度和查询度。

RDA 的正式启用，就是朝这个方向迈出了第一步。RDA 将关注点转移至资源描述，即建立标识特征和关系集，这对于实现 FRBR 查找、识别、选择和获取的用户任务很重要。"我们有 FRBR、FRAD、ICP、RDA、DC、MODS、MADS 并建立了对应关系，但我们还欠缺资料模式，也还没有新系统能帮助图书馆将书目资料贡献到网络环境中，以发挥资讯服务的最大效益……FRBR 和 FRAD 描述书目世界中的'关系'，这些概念可以被用来设计系统，且让用户依需求航行在书目世界中"①。

正如美国国会图书馆政策与标准部主任、RDA 联合指导委员会美国国会图书馆代表、主席芭芭拉女士所说，"AACR2 为卡片目录转为在线目录提供了过渡，RDA 也是如此。我们将面临为期几年的转换或过渡期，从当前实践、格式和系统过渡到下一代系统，RDA 的说明也将继续发展。相比 AACR2，RDA 将以更为及时和能动的方式进行更新。RDA 联合指导委员会期待得到更加基于原则、与 FRBR 和 FRAD 更为符合的改进建议"②。

我们完全有理由相信，RDA 可以激发我们开发出更好的系统

- - - - -

- 未来的系统能完全善用现在及过去编目员所编制的记录，更彰显目录的功能，呈现某人的所有作品、某作品的所有表现形式、某表现形式的所有载体、所有单件及其特性以及所有相关作品；

- 未来的系统是以使用者为中心的资源发现系统，系统可将同一实体的相关标示资料聚集，如不同名称，以提升检索结果的精确性与完整性；系统应能重复使用这些标示资料和关系，以

---

① 芭芭拉·B·蒂利特. RDA 未来展望. 2012 - 03 - 21 在台湾的专题演讲
② 芭芭拉·B·蒂利特. RDA 与中国：编目的国际化 [J]. 中国图书馆学报，2012，38（11）：14 - 21.

获得更有效的操作结果、更有想象力的呈现方式；

- 未来将没有主题词，只有各种名称以使用者偏好的语言或文字呈现；没有书目记录，只有资源描述，这些描述可连接至其他资源。

这些发展还需要时间，但 RDA 将帮助我们朝此方向前进。